让我和你一起成长

王雅芳　著

河北大学出版社

让我和你一起成长

图书在版编目（C I P）数据

让我和你一起成长 / 王雅芳著. -- 保定 ： 河北大学出版社，2015.6

ISBN 978-7-5666-0907-6

Ⅰ. ①让… Ⅱ. ①王… Ⅲ. ①小学教育－教学研究 Ⅳ. ①G622.0

中国版本图书馆CIP数据核字(2015)第132590号

RANGWOHENI YIQI CHENGZHANG

责任编辑：王殊宁

装帧设计：赵 谦

责任印制：靳云飞

出版：河北大学出版社（保定市五四东路180号）

经销：全国新华书店

印制：河北新华第一印刷有限责任公司

开本：1 / 16（710mm×1000mm）

字数：122千字

印张：10.25

版次：2015年6月第1版

印次：2015年6月第1次印刷

书号：ISBN 978-7-5666-0907-6

定价：25.00元

序言一：一个教师的心灵笔记

杨立元

读完王雅芳老师的《让我和你一起成长》，不仅仅是被感染，更多的是被感动。这部集子不仅是她多年教学工作、教学生活的笔记，也是她心灵的写真。从中我们不仅看到了她对教育本质的深入思考，对教学工作的深刻体验，对任教学生的深切关怀，对教育问题的深透认知，更重要的是让我们看到了她对教育事业的无限热爱和对教学工作的倾情投入。

在作品中，她用朴素直白的语言将教学感悟凝聚成经验，把饱含情感的忧思催化成感人心扉的呼唤，让充满人文情怀的关爱变为教育实践，从而促使我们进一步走近了作者，拉近了心理的距离，甚至使我们的心与她的作品能够产生了强烈的共鸣。说句心里话，虽然我是个大学老师，但我所作所为与她相比远远不及，所以多年来我对中小学老师一直充满钦佩和尊敬之情。因而，这部作品也就有了不同凡响的特色，它既能给人一种阅读的快感，又能给人一种情绪的感染和理智的启悟，让我能够久久地回望她锐意进取的教学之路和坦荡坚实的心路历程。

这部集子共分为五部分：学生篇、教师篇、家长篇、教学篇、思考篇，可谓内容丰富、全面翔实。

在这部集子中，有她对教学本质的深入思考。如何理解和认知教育教学的本质规律，对一个小学老师应该是一个很艰深的问题，但她有着自己独到的见识，这源于她近几年的勤奋阅读和思考。她认为：“教学应以学生为本，教师的教学设计应该站在学生的立场，为学生考虑。”所以她要“创造一个人性化的，生命化的课堂，让阳光普照到每个学生心灵深处”。这就是她的教学价值取向，也是她人生的理想境界。这也成为了她一生教学为之奋斗、矢志不渝的努力方向。

为了实现这个目的，在教学中她贯穿了快乐教学的原则。“让每个学生都能快乐地学习”成为了她的课堂理念。她用心打造快乐、高效课堂，“备课和上课的宗旨是：让学生在快乐学习的同时，不知不觉掌握所学内容。即使领导要听课，我也绝不事先透露一点教学内容，更别说提前演练了。课件的制作，我也是视教学内容而定，能不做就不做，能少做绝不多做”。她的“任务则是精心设计准备怎样才能让孩子们在快乐兴奋的状态中不知不觉掌握所学内容”。她摒弃了一些教师“在设计教学时，只是站在自己的立场，想着怎么设计，怎样出彩，把学生当做自己演出的道具，而没有站在孩子的角度，设计教学”的做法，而是“想着怎样做，才能够让孩子们在发展思维的基础上，轻松快乐地掌握本课的重点难点知识”。正是如此，她得到了学生的爱戴、家长的信赖，同行的尊重，自己也得到了无限的快乐。

在这部集子中，也充满了她对目前教学中所存在问题的深切忧思。对教学改革所存在的问题，她不无忧虑地写道：“多少年来，我们所谓的教育改革就一直没有消停过。今天听了这个专家的名词，赶紧照猫画虎，明天听了那个专家的术语，又赶紧投入实验，领导在风口浪尖上左拼右挡，教师在云山雾罩里疲于奔命。”而“我们恰恰忽视了我们最应该关注的教育对象——学生。我们从没有想过，我们的学生需要的是什么教育？我们从未懂得真正的教育到底是什么？为什么总要想创建什么教育模式，搞一刀切？”所以她大声疾呼：我们要“走近教育，走近学生”，要“急学生之所急，想学生之所想”，要“给学生一点自由的时间”和“思考的权利”。“为了自己心灵的安宁，也为了孩子们未来幸福的一生”，她发出了对学生要“真心地爱他们，尊重他们，理解他们”的“心的呐喊”。

在这部集子中，我们不仅看到了她对教育、对学生的热爱，更看到了一个教师的襟怀气度和高尚品格，一个园丁的人文情怀和奉献精神。这既是她教学经验和治学精神的归结，也是她思想品格和道德情操的昭示；既是她多年心血的凝聚，也是她教育智慧的精华。我们不仅得到了她的宝贵的教学心得，也得到了如何做好一个教师的丰富经验。所以，我们要向她致敬，向她学习。

2015 年 2 月

（杨立元，中国作家协会会员，中国当代著名评论家。）

序言二：心意臻备《让我和你一起成长》

张立民

“教育者首先是个思想者”，这个苏联著名教育家苏霍姆林斯基的观点，深深影响了一代又一代教育工作者。

我和王雅芳老师相识很多年了，在我的印象里她是一个爱读书、有思想、会思考的人，更是一个做事用心而不张扬的人。《让我和你一起成长》收集了她近年来的一些反思、随笔、发言等文稿，是她一个时期教育、教学经验的凝练。书中引用了大量真实案例，表达了一个基层教师对教育 、教学的一些见解和主张。我读后生发颇多感慨与反思。

王老师懂得教育内涵与本质。她将她的学生称作孩子们。她认为要取得良好的教育效果，教师必须对学生充满温情和善意、理解和尊重、呵护和体谅。她说，不能仅依据孩子考试分数来断定孩子的智力水平，即使孩子真的是弱智，作为教师，也应该承担起自己该负的责任，不抛弃不放弃每一个孩子；孩子在我们手里可能只是几十分之一或几百分之一，但他们是一个家庭的百分之百，他们将来要走向社会，分数真的不是唯一的需要，自信才是最需要的。她喜欢她的孩子们，她尊重她的孩子们，她与孩子们有很好的沟通方式，她对孩子们的教育质朴而真诚，她呵护着孩子们，激励着孩子们，感动着孩子们。

王老师的课注重学生综合素养、学习能力的培养。她的课堂师生关系平等，气氛民主、和谐。她关注孩子们的学习结果，更注重孩子们的学习过程。她认为，要想让孩子们喜欢英语学习，课堂上必须让学生成为主人；在教学设计上要充分考虑孩子们差异性学习需求，要创设新颖的教学情境，不断激发孩子们的学习兴趣，保持孩子们的学习热情。在她的眼里没有差生，每个孩子的些许进步，她都能及时发现并给予适度鼓励，上她的课孩子们有信心，会合作敢交流能表达，在愉悦的学习过程中学得知识、发展能力，享受学习的快乐和成功的喜悦。这也是她教学思想的体现，是对科学合理的教学方式不断尝试的结果。

王雅芳老师爱读书，有一定的阅读量。《给教师的建议》《做最好的教师》《不跪着教书》《教师人文读本》《英语可以这样教》《第五十六号教室的奇迹》等书籍曾不止一遍地反复阅读，《教师博览》《情感读本》《读者文摘》等杂志总是爱不释手。阅读开拓了她的视野，润泽了她的心灵，丰富了她的知识，特别是教育专业书籍的阅读，使她对教育有了更为深刻的思考。她能从学生角度看问题，能走进学生的内心世界。孩子们接受她，愿意和她来往；家长接受她，愿意和她交流。她的思想深深融入孩子们的心里，她的观念引发了家长对教育方式的思考。

一个孩子的健康成长承载着一个家庭的期望，所有孩子的健康成长承载着整个国家的未来。因为对孩子的理解、尊重、宽容，所以孩子们在她的爱中不断地成长着，她也在孩子们的爱中享受着职业幸福。

《让我和你一起成长》语言平实，字里行间流露着不平淡的情感。我喜欢书中的每段文字，也希望这本书的每段文字有更多的读者。

2015 年 3 月

（张立民，唐山市丰南区教育局副局长，中学高级教师。）

序言三：没有音乐照样跳舞

张玉莲

“简单的事情重复做，越做越好，你就是专家；重复的事情用心做，越做越快乐，你就是赢家。”很多年前第一次在报纸上读到这句话的时候，虽似懂非懂，但觉得颇有意思，便把它摘录下来置于案头。随着时间的流逝、工作经历的丰富，时不时再回味这句话时，便更多了几分感悟，总觉得它是对我们教师职业生涯的总结。

是啊，在很多人眼里，包括很多教师自己，都觉得这份工作就是日复一日、年复一年的重复，很是乏味，职业倦怠感油然而生……而恰恰在这样的工作中却有很多教师几十年如一日热情饱满、激情四射地投身于教育事业中，赢得了一批又一批学生的喜欢、一位又一位家长的信赖，创造了一个又一个教育奇迹……他们魅力十足，最终成为教师中的旗帜、学校中的灵魂！在我的身边就有很多位这样优秀的教师，他们以对教育事业的高度虔诚感染着身边的人，王雅芳老师就是其中的一员。

与雅芳老师共事十年了，十年间，她给我的印象始终是面带微笑，宁静平和；对学校安排的工作从来都是愉快接受，从不挑三拣四；教学成绩好，学生喜欢，家长赞誉。每当谈到雅芳老师，老师们总是感慨她的工作精神，但绝没有想到她对教育事业的那份真爱情怀。直到2014年末的一天，我偶然听说雅芳老师喜欢写作，经常把自己的日常生活与工作记录下来，于是，我对她说：“能不能把你写的东西梳理梳理，让我来当一回读者?”没有想到，一周之后，雅芳老师就把她的一本小册子送给了我……闲瑕之时我打开这本小册子，本想慢慢地品读，谁知这一读竟再也放不下，我被那一句句简单却充满哲理的话语所感染，被一个个平实而又真切的故事所感动……没有高深的理论，没有过人的文采，朴素但真实的叙述中自然流淌着一位极平凡的教师对教育工作的那份不平凡的情感，而且这种情感中不掺杂任何功利的思想，有的只是发自内心深处的热爱，对学生的爱、对同伴的爱、对学校的爱、对教师这一职业的热爱!

雅芳老师以为人师的使命感在思考工作、思考教育，并用细腻的笔触将自己的思考记录下来，这份坚持令人敬佩!更难能可贵的是她做这些事情时没有任何外界因素的影响，也从没有任何诸如出书、出名的功利想法，她凭的就是心底那份真爱，正是这份真爱才使她能够做到“没有音乐照样跳舞”。于是我忽然间读懂了“简单的事情重复做，越做越好，你就是专家；重复的事情用心做，越做越快乐，你就是赢家”这段话的深刻内涵，雅芳老师就是这样一位人生赢家!

我迫不及待地想把这份激动与震撼与人分享，在征得雅芳老师同意之后，我拨通了出版社的电话……就这样，《让我和你一起成长》与大家见面了，我希望也坚信雅芳老师的精神境界与教育情怀能够感染更多的人，让我们都能和她一样成为“没有音乐照样跳舞”的人生舞者。

2015 年 3 月 15 日

（张玉莲，唐山市丰南区第一实验小学校长，全国百名优秀校长。）

写在前面

1984年，不满20岁的我经过考试成了一名中学民办教师。由于没有受过专业的训练，也由于自己骨子里的懒散，虽然在教师岗位一干二十多年，却一直庸庸碌碌、无所作为。看不到前方的曙光，除了每天感到疲惫不堪，就是对工作的厌倦。我以为自己会一直这样熬到退休。虽有不甘但无力回天。没有想到，我的教师生活会有发生改变的一天。

那是2009年，我的教师生涯出现了转折点。从此我才渐渐走进教育，走进学生，渐渐了解了教育的思想内涵。那一年学校领导要求全校老师必须建立自己的博客，我在百度空间，认识并交结了一批优秀的教师朋友，促使我重新认识教育、认识学生；那一年学校领导要求每位教师必须学习苏霍姆林斯基的《给教师的建议》一书，我才开始了第一次关于教育教学方面真正意义上的阅读，开启了我对教育教学广阔天地的了解和认识；那一年学校领导要求全体教师必须至少订阅一本和教育教学有关的杂志，我才有幸选择了《教师博览》原创版，通过这本杂志，有幸认识了张文质、钱理群、朱永新、谢云、李镇西、吴非、陶继新等一批教育专家和学者，学习他们关于教育教学方面的理论和实践。他们不仅陶冶了我的教育思想，也转变和提升了我的教育理念；通过这本杂志，我认识了沈丽新、孙明霞、侯登强、杜春蕾、王开东、茅卫东等一大批优秀的教师，他们的教育教学智慧，他们对每个学生不抛弃不放弃的热爱，深深地感染着我、教育着我、影响着我。追随着像他们那样去做，我竟然也开始能够享受教育的幸福和快乐。

李镇西说：“每天的生活经历都是财富，记录每天的教育故事，就是采矿，时间一长，经过提炼，这些矿藏都会变成黄金，这是教育对你们的馈赠。”“一个优秀教师和一个平庸教师的区别，就在于是否坚持记录自己的教育实践。”我自知自己和真正的优秀教师相比还有一定的距离，我只是不想就这样平庸下去，等到退休再追悔莫及。于是我试着开始记录我和学生及家长之间发生的故事；开始记录我对一些教育现象的观察和思考；开始记录我对一些教学方面的做法和建议……。虽然我的思考可能并不成熟甚至偏颇；虽然我的语言非常平淡甚至啰唆；但我的心是非常真诚的。我只是迫切地想让我的教师同仁们和我分享：阅读、思考、记录，和学生一同成长，是一件多么幸福的事情！

王雅芳

2015 年 2 月

目录

CONTENTS

学生篇

教学篇

教师篇

我心目中的君子教师

我心目中的君子教师不是一些所谓的“名师”，因为“名师”只是在所教的某一学科领域里技艺比较精湛而已；我心目中的君子教师也不是经常得奖的优秀先进教师，因为这些教师在追名逐利的过程中，已经丧失了君子的本色。我心目中的君子教师是那些真正热爱教育、真心热爱学生、默默付出、不计名利的“傻子”教师；是具有广博深邃的思想、坦荡包容的心胸、悲天悯人情怀的“疯子”教师。

“君子喻于义，小人喻于利。”君子教师懂得真正的教育是将所有的学生都塑造成幸福的人，让所有的学生都能感受到学习的快乐，都能收获到成长的喜悦。君子教师知道孩子的成长过程是漫长的，教育也是慢的艺术，真正的教育要抛弃急功近利。君子教师了解自己的唯一作用就是给学生提供一个宽松、自由、民主、公平、安全、有序的学习环境，所以他不会在课堂上搞满堂灌，课下十分钟接着灌；他不会在课下和双休日给学生留大量的机械重复性作业，以让学生牺牲玩耍和厌烦学习的代价换取自己教学成绩的提高（有时也未必提高）。

他会充分利用课上 40 分钟的时间让学生快乐主动地学习，他不会占用学生休息的时间完成自己课上没有完成的教学任务，他也不会用大量的作业去压学生，能不留就不留，能少留绝不多留。他懂得多留给学生一些自由支配的时间，会更有利于学生智力和能力的发展。

君子教师知道追寻真正的教育是对任何一个学生不抛弃、不放弃；是对爱心的坚守和对名利的淡泊；是做到爱学生胜于爱金钱和名利。

所以他不会去求有权有势的家长给自己办私事；他也不会接受家长给自己送礼，这样他才能够坦然面对学生的问题，公平公正地去解决处理。他不会对学习成绩优秀的学生偏袒护短，也不会对学习成绩差或不听话的学生轻视冷漠或置之不理。他会把更多的时间和精力倾注到这些孩子身上，用自己的爱心和耐心等待这些孩子的转变和进步，哪怕时间再长，也决不放弃，因为他知道每一个孩子都是不可替代的唯一。

“人不知而不愠，不亦君子乎？”君子教师只是踏踏实实做好自己该做的事情，只求问心无愧，不在乎领导是否了解自己。所以他不会经常去和领导套近乎，拉关系。他以克己奉公之气度对事，以公平持正之心待人，以淡泊宁静之志守己。他总是谦逊自律，默默耕耘，不问名利。正所谓“心底无私天地宽”。

“君子不器。”君子教师懂得教育不仅仅是简单地教给学生知识，更是师生心灵的对话和交流，是充满情意和智慧的创造性活动。自己内心没有的东西是不能给予学生的。做好教育工作，所谓的方法技巧之类固然重要、必需，但教师的情意和智慧更为重要，不可或缺。而提升教师情意和智慧的途径和方法就是阅读。只有不断阅读并在阅读中学会思考才能打开教师的视野，滋养教师的心灵，塑造教师的人格，形成教师独立之人格和自由之精神。

君子教师懂得教育的本质应该使受教育者的不良行为得到修正，让学生得到更好的发展。所以他能根据教育的实际情况，该引导就引导，该鼓励就鼓励，该批评就批评。他懂得对学生的真正尊重和负责不是一味地迎合。不含任何批评的教育，其实是对学生教育的“不作为”，是一种不该出现的纵容和逃避责任的表现，是渎职。

周国平说：“人生最好的境界是丰富的安静。安静是因为摆脱了外界虚名浮利的诱惑。丰富，是因为拥有了内在精神世界的宝藏。”我心目中的君子教师就是能拥有这种精神世界的人。我想，只要我们坚守教育的信念，都为真正的教育尽点力，做点事，也许我们都能成为君子教师，至少也是学生心目中的好老师。

插上思想的翅膀，带学生快乐飞翔

上周三下午，学校组织全体教师参加唐山师院彭贤智教授所做的关于“君子教育”的报告会。会后，领导要求教师分组讨论，人人发言，对学校如何开展君子教育的课题研究发表看法，并写出感想。以下就是我写的一篇感想，可能和领导的初衷有些背离，但却是我的真实想法。

聆听了彭贤智教授关于《小学君子文化教育体系的构建与实施策略研究》的报告，感触颇多。尤其是他关于对教师的要求，让我有耳目一新、精神一振的感觉：

“教师应该给人一种启迪，一种思想，做到真善美。”“教师之美，体现在三度上：厚度（思想）、力度（勇气）、效度（价值）。”“一个有思想的教师，能够用智慧发现问题，分析问题，解决问题。在解决问题或创造中感受到满足，享受到教育的快乐。”

这就是说，时代对教师的要求，不再是做人云亦云的传声筒，而是要求教师要有自己独立的思想，并能让学生能够沐浴到其思想的光辉，从而健康快乐地成长。

做一个有独立思想的教师，必须要大量阅读各类书籍。除了教育教学方面的，还要广泛涉猎古今中外文学名著及哲学、宗教、历史等各种各类文化思想的书籍杂刊。只有这样才能开阔视野，丰富思想，修身养性，陶冶情操；也只有这样，我们才不会被书所奴役而听命于书中的每一言一语。我们就会对专家的言论具有怀疑和批判的意识，从而避免作茧自缚，误人误己。

大教育家夸美纽斯在《大教学论》中有这样的话：有时候几句严厉的话，或当着全班训诫一番是很有效的。有时候稍微赞扬其他学生一下也有很大的功效。“你瞧某某多么用心！你瞧他对每一点都懂得多么快！你却坐在那里像块石头似的！”取笑落后的学生常是有用的。“你这个傻子，这样一件简单的事情都不懂吗？”所以当教师无须时时留在室内，要把他的大部分精力用到他的工作上面，要当着全班责骂懒惰的学生，赞扬努力的孩子。

夸美纽斯在教育史上的伟大贡献是无可争议的，但当着全班同学的面骂某某学生“像块石头似的”、“是个傻子”，学生的人格尊严何在？自尊心何在？这样的话是不是符合当代教育理念与精神呢？

做一个有思想的教师，就要懂得小学教育要为学生的精神和行为习惯打底，为学生的生命立本。教育要以学生为本，应该以学生卓越发展为本，要唤醒学生自信，培养学生个性，发挥学生潜能，实现学生卓越。

可我们有些教师又是怎么做的呢？我们为了让学生考出优秀成绩，让领导满意，让自己获利，把学生当成学习的工具。课上大量灌输还不够，课下十分钟也不放过，中午晚上还留大量机械重复性作业，无端侵犯学生的休息权和玩耍权。上边要求什么，我们给什么。可是我们从没有想过孩子要什么，我们应该给孩子什么。其实孩子需要的不是高楼大厦，不是塑胶跑道。他们需要的是在有思想、有智慧、有爱心的教师指导下快乐地生活，好玩地学。孩子在学校学习得不开心，玩多少花样的教育都不是真教育。

作为一名普普通通的小学教师，我深知自己在社会大环境面前的渺小，但我也知道我的所作所为会对学生的未来发展产生一定的影响。所以我要求自己努力做到：对教育平平淡淡地看待；对工作踏踏实实地去做；对学生真情实意地付出。让自己插上思想的翅膀，带学生快乐地飞翔！

读书随笔

最近读苏联教育家苏霍姆林斯基《给教师的建议》一书，心中不由感慨：大师就是大师，他的思想能纵贯天下；经典就是经典，无论跨越多长时间。苏大师的思想和理论犹如太阳的光芒，驱散了我心中久积的疑云，又如黑夜里的一盏明灯，指明了我今后前进的方向。

作为一名从教多年的教师，我一直被学困生的问题所困扰，看到经过自己的努力，有的学困生变成中等生或优秀生，我感到特别有成就感。但也有的学困生不是原地踏步就是进步幅度不大，我就对自己的努力产生怀疑：是方法不对还是自己的努力程度不够？读了《建议》一书，我豁然开朗，明白了学困生问题之所在。

一是要正确对待。“对一个学生来说，‘五分’是成就的标志，而对另一个学生来说，‘三分’就是一个了不起的成就。教师要善于确定，每一个学生在此刻能做到什么程度，如何使他的智力才能得到进一步的发展。能否保护和培养每一个学生的自尊感，取决于教师对这个学生在学习上的个人成绩的看法，不要向儿童要求他不可能做到的事。”苏大师的话，让我明白，我们不能光凭主观愿望去做目前根本不可能做到的事，只要我们尽心尽力去做了，就不要太看重成绩的好坏。太执着于成绩，容易使教师思想偏激，态度粗暴，伤害学困生的自尊心，反而把他们推得更远，使他们更加厌恶学习。

二是要加强阅读。书中反复提到对学困生采取的方法是让他们进行更广泛的阅读，而不是把他们脑力劳动的范围压缩到最低程度，仅仅局限于背诵必修的教材。那样会使他们养成死记硬背的习惯而变得更加迟钝。“学生学习越困难，他在脑力劳动中遇到的困难越多，他就越需要多阅读，不要靠补课，也不要靠没完没了的拉一把，而是靠阅读，阅读，再阅读。”这些话语使我明白了为什么教师用同样的教法，同样的教学时间，教同样的智力不一的学生，实验班的学生考试成绩要高于非实验班 10 分之多，就因为实验班的学生课外阅读量远远大于非实验班的学生。阅读不仅能让某些学生免于考试不及格，而且学生借助阅读发展了智力。学困生读书越多，他的思考就越清晰，他的智慧力量就越活跃，成绩自然而然就上去了。

三是要体验到成功的喜悦。“一个孩子只要在两三个月里看不到自己脑力劳动的成果，他的学习愿望就会消失。儿童学习愿望的源泉，就在于紧张的智力活动和体验到取得胜利的欢乐。作为教师最困难最复杂的问题，就是如何使最差的学生也能看到自己的劳动成果并体验到思考劳动者的自豪感。”苏大师的话点醒了我，有的学困生之所以没有进步，除了他们自身的智力因素外，教师的做法也很关键。教师应该想方设法让学生在付出劳动的同时体验到成功的喜悦。否则，如果他们看不到自己脑力劳动的成果，学习愿望就会消失，学习成绩自然不会有进步了。

几年来，我一直致力于减轻学生的学习负担，课下和双休日尽量不留硬性作业，只是让学生回家听录音。但我发现一个现象，有些原来成绩很好的学生，渐渐飘浮起来，有的退步甚至惊人地明显。正当我困惑之际，苏大师的话使我茅塞顿开："如果儿童在学习中感到一切都很容易，那么渐渐就会养成懒于思考的习惯，这会使人误入歧途，使他们形成一种对待生活的轻浮态度。这种懒于思考的习惯多半是在那些有能力的学生身上滋长起来的，不要让学生无所事事，这也是一项特殊的教育任务。"原来是我让学生无所事事惹的祸。我明白了，有时光凭良好的愿望并不能使事情趋于美好。要让学生养成不仅在体力劳动而且在脑力劳动中克服困难的习惯，无论如何不让学生感到一切都轻而易举，不知道什么是困难。要努力做到让脑力劳动成为儿童喜爱的事情。

现在大部分学生都不太喜欢上学，不喜欢学习。我也一直在思考究竟是什么原因造成了这种局面。苏大师的话让我明白了个中的奥秘。

一是现在的学生把全部时间都用在了学习上，没有自由支配的时间。而自由时间对学生来说是必不可少的，它是丰富学生智力生活的首要条件。小学生每天 7 至 9 个小时，中学生每天 10 至 12 个小时甚至 14 至 16 个小时坐在那里读书、听讲、思考、记忆、回想、再现，以便能回答教师的问题。这真是一种无法胜任的、使人精疲力竭的劳动。它归根到底将会摧残学生的体力和智力，使学生对知识产生冷淡和漠不关心的态度，导致厌学现象发生。

二是有的教师和家长把学生学业成绩的评定和道德面貌的评定等同起来。好分数就是好学生，没有得到应得的分数就意味着这个学生不够格。这种错误观念对学困生的伤害是显而易见的，他们感到自己低人一等，没有出路，哪里还谈得上热爱学习呢？对优生的不良影响是长远而深刻的。因为诱使儿童自觉刻苦地从事脑力劳动的一种最强有力的刺激物，就是赋予它脑力劳动的人情味，使他感到给自己的亲人带来喜悦是一种高尚的情操。可这种观念却使优生感到自己一好百好，优越感十足，他觉得自己应该得到想要的一切，否则，他就会失去学习的动力。没有一个正确思想指导的孩子，又怎么能够真正热爱学习呢？

三是学生缺乏学习的愿望和热情。在教学过程中产生的儿童的良好情绪，对于培养学习愿望起着很大作用。所以教师应在课堂上创设一种精神振奋的生机勃勃的情调，以便学生从中产生和形成一种情绪状态——强烈的学习愿望。这点我深有体会。以前我上课时因为不能倾情投入，讲课没有激情，不能感染学生，所以学生也是死气沉沉，哪里还谈得上学习的愿望和热情？现在我注意调整自己的心态，对自己的工作充满热情，在课堂上充满激情，学生也变得积极主动，思维活跃，从学习中得到满足感，从掌握新知识的紧张劳动中得到健康的疲劳感，这种良好的情绪感觉自然会使学生产生学习的愿望和热情。

四是教师一味让学生识记背诵。要使小学生愿意学习，就要让学生把记忆的努力和思考的努力结合起来。只有对周围世界的现象和规律性进行深入思考的时候，才可能有真正的智力发展。常有这种现象，教师把答案写在黑板上让学生抄，可学生不是不看就是抄错，教师只是一味埋怨学生懒，不听讲。其实这不全是学生的错。教师应该让学生保持思考和记忆的和谐，善于思考，积极主动地去获取知识，寻根究底地去探求真理，只有这样，他才能成为一个热爱学习的好学生。

总之，这部凝聚着作者毕生心血和饱含着高超的教育智慧的著作——《给教师的建议》，就像我们的良师，指导和解答我们在教育和教学方面的疑难和困惑；又像一位益友，伴我们行走在正确的教育教学之路上；又像一把钥匙，开启了我们通往学生心灵的大门，让我们能够了解学生的所思所想。《给教师的建议》为我们开创了一条通往正确的教育教学方向的大道，走下去，定会有一个海阔天空、风光无限的美好世界在等待着我们。

教师，请时常检省自己

经常听到有些教师把学生的不良表现归于外因，其实有好多学生的表现不尽如人意，是由于我们教师自己的不当做法引起的。

比如有的教师把学生不爱自己学科的学习，归结于是因为自己年纪大，没有新鲜的教育思想和教学方法吸引学生。对此，我不以为然：有新鲜的教育思想和教学方法和教师的年龄没有丝毫关系，而是和教师是否上进，是否爱学习，是否真爱学生、真爱教育有直接关系。以年龄大为由，是为自己学习上的懒惰、教育教学上的简单粗暴寻找借口。

有的教师因为某个学生对自己的不尊重行为而生气发怒。其实凡事有因就有果。如果教师真正从心底尊重学生，真心地热爱学生，学生也肯定会尊重老师。相反，如果教师因为某个孩子很差的学习成绩，而经常在全班孩子面前用讽刺挖苦甚至侮辱歧视的语言羞辱他，怎么还敢指望这个孩子尊重你呢？人与人之间的感情都是互相的，学习差的孩子尤其敏感自尊，你对他的羞辱，你对他的厌恶，他早已经接收到心灵的深处，怎么还敢指望他会喜欢你、尊重你呢？怎么还敢要求他会喜欢你教的学科、在学习上有进步呢？

有的教师经常为某些孩子不写作业还撒谎而生气。其实，排除真有个别孩子是因为懒惰而不写作业外，有的孩子不写作业的原因，大多不是不想写而是不会写。如果教师足够了解学生情况，就应该针对不同学生、不同情况，予以不同对待。对那些因为不会而不写作业的学生，教师应该想方设法树立孩子的自信心，调动孩子学习的积极性，在此基础上或让学生“结对子”进行帮助，或者教师亲自进行辅导。这样学生感受到老师的关心，就会产生一种向上的力量，学习肯定会越来越好，作业自然就会完成。如果教师只是执着于学生不写作业还撒谎这件事本身，那么，除了教师因为愤怒说出不理智的话或做出不理智的行为，学生不会有丝毫的进步。

有的教师太急于让孩子们的学习进步，于是他们利用所有可以利用的时间让学生学习。课下十分钟总是不肯下课，或是讲课，或是让学生做作业；音乐课或体育课时间总爱留一些学习差的学生在教室做题；中午时间也不忘给学生留点作业；下午放学后，总有部分学困生被留下补课……可是结果呢？有的学生似乎成绩有了点提高，可却是以失去学习兴趣为代价；有的不但没有提高还有所下降。于是教师就埋怨孩子这样那样的不是，就是不检省一下自己。其实学习就是要有劳有逸，该学习学习，该休息休息，才会提高学习效率；给学生充分的自由活动时间，才能提高学生的智力。

所以作为教师，我们一定要遵循教育教学的规律，去完成教育教学活动。对学生中出现的这样那样的问题，先反思检省一下是不是教师自己的原因。这样有助于我们正确有效地解决问题，促使孩子不断进步，健康发展。

教育不是让学生怕

大概在任何时期，任何学校，都有几个提起来让学生恐惧害怕的老师。这样的教师责任心极强，对学生中出现的任何一点风吹草动，都会如临大敌，对其进行无情地批评与指责，语言犀利甚至粗暴。

这样的老师所教的班级，学生们大多都能令行禁止，各项任务似乎都能圆满完成。正因如此，有些家长，尤其是那些望子成龙或难于调教孩子的家长，就想方设法把孩子放进这个老师所教的班级。于是真的出现了奇迹：不爱写作业的孩子，能够及时完成作业了；成绩中等的学生考出了优异的成绩；上课随便的学生变得规规矩矩……于是家长高兴——孩子进步了；领导欢喜，为有这样教导有方的老师。

一切似乎都没有什么问题。

可是总觉得哪里有问题。看到孩子们提起某位老师就“谈虎色变”，一副恐惧至极的样子，总感觉不太正常。孩子们带着这样的恐惧心理在学校上课，怎能自由自在地学习、轻松自如地生活，怎能让心灵舒展放飞，健康快乐成长。

渐渐地发现真的有问题。

其一，学生因为害怕不敢得罪老师而撒谎。

比如在填写各种调查问卷时，所有学生对自己害怕的老师，都不敢如实填写；有的学生明明不喜欢让自己害怕的老师，却还在作文“我最喜欢的老师”中进行违心的描写；有的学生因为害怕老师，不管老师说什么、做什么，也不管内心服不服，都是一副俯首帖耳、绝对顺从的表情。如此下去，这样的学生长大后，要么性格懦弱，没有担当，要么内心虚伪，没有人格。

其二，学困生失去自信心，产生厌学心理。

老师之所以让学生害怕，其中的原因之一是因为这个老师对学生的学习极端地负责任。你不交作业，你成绩差，他会在全班学生面前一遍又一遍地提醒你、批评你、抱怨你、指责你，不怕你没有自尊心。这种做法对于中等偏上的学生是有一定作用的，可是对于那些基础极差的学生，这种做法只能导致他们的自暴自弃和厌学心理。因为他们真的不会，所以才不写。于是这样的孩子中，有的装出一副满不在乎的样子，在学校混日子，其实心里的屈辱和绝望只有他们自己知道；有的上学是三天打鱼两天晒网；有的干脆就以有病为由，休学在家。如果我们的老师不是过分关注学生的学习成绩和外在表现，而是能关注到学生的心灵；如果教师不是把对人的教育异化为关于分数的比拼，我们的孩子，哪怕是成绩极差的孩子，也会喜欢学校、喜欢上学，而不会小小年纪就离开学校。

其三，压抑学生个性，学生或者逆来顺受，或者打架斗殴。

小学生本来就应该天真活泼，喜欢玩耍。可是在老师的严厉管教下，他们不仅课上诚惶诚恐、战战兢兢，就连课下都不敢大声说话，更别说游戏玩耍。于是性格内向柔弱的孩子，变得越发逆来顺受，不敢有自己的想法、自己的表达。性格外向倔强的孩子，为了发泄自己内心的压抑和不满，就时常和校内校外的孩子打架斗殴，让家长和教师生气、不解和无奈。

以让学生怕为荣的教师，其实是缺乏对学生的尊重，缺乏对教育的正确理解。缺乏尊重的教育，势必造成师生之间的“猫鼠关系”，势必影响学生的心理、情感，影响他现在的成绩，将来的发展、成长乃至成才。所以，真正的教育不是为了让学生怕，而是让学生发自内心地想亲近老师，向老师敞开心灵的怀抱。

你的成长，我的快乐

当看到美国名师克拉克说过的一句话“师生关系需要专业定位……不是你的兄弟和朋友，我是你的老师，我是来引导你成长的，不是来与你纠结的”的时候，犹如醍醐灌顶，心中豁然开朗。把自己定位在学生成长的陪伴者、引领者、激励者；把自己的专业发展定位在教育的观察者、思考者、实践者的时候，我们的心灵会因为多了一份责任而变得充实与安宁；我们的行为会因为少了急功近利而变得从容而淡定。我们看待孩子的目光会变得包容、柔和、多元、真切。你会发现，每个孩子都是那么的神奇，他们的点滴变化、进步，都让你惊喜。

学业成绩固然重要，如何做人才是最根本的问题。我们想转变一个孩子，首先把自己的心情调整到对孩子的慈爱和欣赏这个角度，不要赋予孩子过高的要求。蒙（化名）是一个让数学老师提起来就激动的学生，因为他的数学成绩总是个位数，当然他的英语成绩也好不到哪里，总是在 20 到 30 之间徘徊。可是这个孩子特别懂事，见面总是和老师微笑着打招呼。相对于有些虽然学习成绩好，但是没有礼貌的孩子，我更喜欢蒙这样的孩子。也许他能感受到我对他的喜欢，有时他会主动地对我说昨天晚上他在家里读英语了。我知道因为基础差，也因为其他原因，他的学习习惯并不好，上课听讲经常走思，作业或是不做或是胡乱做，做错了也不改。可是当他偶尔上课听讲并举手想回答问题的时候，我肯定让他回答，不管对不对，我都会表扬他。第四单元测试，他破天荒地得了 74 分，不管是不是抄的，都说明他已经有了上进心。也许他的学习成绩永远都不会令人满意，但我不想让他只是因为糟糕的成绩而失去老师的温暖和鼓励，那样对他的成长和进步有百害而无一益。

教育是慢的艺术，有时我们必须像等待花儿开一样，耐心地等待学生的转变和进步。鑫是我从三年级起就开始教的一个孩子，三年的时间，我目睹了这个孩子的起起落落，但我确信这个孩子是朝着好的方向发展的。

当初这个孩子上课不好好听讲，不写作业，但考试成绩却不是太差，一直能考到 90 分左右。通过家访得知，他上着英语课外辅导班。可能是觉得所学的英语知识自己都会，所以就放弃了课堂上的学习，这真的是得不偿失。这也是部分上英语辅导班的学生所共有的不良习惯。

上四年级时，鑫不仅自己上课不听讲，还随便说话影响别的同学，从来没有主动交过作业。成绩也是起伏不定，有时 90 多分，有时还不到 80 分。可是我发现让学生轮流领读课文时，他读得语流语感都特别好。我及时表扬了他，那段时间里，他有时能主动上交作业，听讲也有明显进步。

五年级时，鑫的上课听讲习惯依然不好，有时爱和周围的同学小声说话，有时就那么呆呆地坐着不知在想些什么。他的成绩依然在 80 多和 90 多之间徘徊。可是从他的上课回答问题中，从他的朗读课文中，从他的总会出些这样那样不该出的小错，却能答对别人不会的难题的试卷中，我发现了这个孩子真的有学习英语的天赋。他的朗读是那么的优美流畅，他能很快背诵所学的课文，他能正确回答出一些对于大多数同学来说较难的问题，不论是课堂提问还是考试卷中。于是我有意在课上课下的表扬他。在和他家长的交流中，他也在场，于是我和家长都当面鼓励他。他在课堂上的表现有明显进步，作业也能积极主动地上交。更重要的是，我感觉得到他对我越来越信任和依赖。我期待着他真的能发挥他的优势，做一个最好的自己。

军是一个我教了两年的孩子，从学业成绩上看，他真的算不上一个好学生，三年级时就不会听讲、不爱写作业，而且书写特别乱，成绩总是在徘徊在及格的边缘。但这个孩子总是一副彬彬有礼的样子，总能说出种种不交作业的理由。五年级我们又再次成为师生，我发现他依然不会听讲、不爱写作业，依然书写很乱，成绩依然不很理想。我并不着急，也不怎么批评他，只是有意无意地提醒他应该怎么书写，有时下午放学后，会留下他完成没有完成的作业，偶尔发现他有了一点进步，我就在班上表扬他。不知从什么时候起，他的作业越来越及时，书写也认真起来了。直到有一天，他把一张作业纸主动交给我，我惊呆了："这是你写的吗？"他笑着点头。这是一段抄写翻译课文对话的作业，无论是英语还是汉语，都是那么清楚工整，和以前的他相比，简直是判若两人。我马上在班上大张旗鼓地表扬了他，并把他的作业给班上的同学传看，同学们也都啧啧称赞。我发现后来他在课上能积极主动地回答问题，甚至有时会成为课上最早举手要求背诵课文的学生之一。他的成绩从以前的六七十分进步到了八十多分，偶尔还能进到九十多分。

硕是我仅教了一年的学生。一年的时间，我目睹了这个孩子从一开始的一般到后来的优秀再到现在的卓越的发展过程。记得那次英语竞赛中，平时并不特别优秀的硕考了满分，成为年级四个满分、班级三个满分的学生之一，不由得让我感慨、感动、意外、惊喜。当我把这个事情对班主任说的时候，她却说，硕数学学得可不怎么样，既不爱写作业，成绩也不好。不知班主任是否以那次的英语竞赛结果为契机对硕说了什么还是做了什么，反正听说最近的数学竞赛中，硕也考了满分。其实，每个孩子的潜力真的是无限的，教师的态度起着很大的作用。在以后的大大小小的英语测试中，硕大多都是满分。

马克斯·范梅南说：“教育学是迷恋他人成长的学问。”教育者，关注的应该是学生的成长，而不是自己的功名。只要我们真心地为学生的健康成长着想，为学生的一生发展负责，我们就一定会享受到每个学生成长的快乐和幸福。

你的快乐，我的幸福

各位领导，老师：大家下午好！今天我发言的题目是《你的快乐，我的幸福》

作为一名教师，爱生应是自己的天职和本分，就像人民公仆应该为人民服务一样。遗憾的是，我作为一名从教 20 多年的教师，之前的大多数时间都是凭着自己的本能对待学生，既有自发的爱，也有无意的伤害，所以不要说和今天发言的老师比，就是和在座的很多老师比，我都没有资格在这里夸耀自己是如何爱生的。因此在这里我不说自己是如何爱生的，只把自己和一个孩子相处的真实感受说出来，与大家分享。

去年暑假开学前两天，我看三—4 班的花名册时，发现在董家宁的名字旁，注着“脑瘫”二字，于是就多了一份留意。第一次去上课时，我特意早到了一会儿，悄悄打听谁是董家宁，于是我看到了那个又瘦又小的女孩儿：她孤独地坐在第一桌，一脸的麻木和呆滞，仿佛周围同学的嬉笑耍闹和她毫无关系，看到这些，我的心中竟有些隐隐作痛，一股怜惜之情油然而生。因先天残疾，家宁走路行动不便，说话含混不清，只能用左手慢慢写字。听班主任说，她的家长挺理解老师考试排名的压力，从一年级起就主动不让她参加期中期末考试。对此，我竟然说不出是什么滋味。

可是我渐渐发现了家宁的了不起：上课时，她一直在认真听讲，并不因自己的残疾而自暴自弃；做练习册和考试，她也尽自己的最大努力去做，尽管错误颇多。为了鼓励家宁，增强她的自尊和自信，上课时我有意让她说一些简单的词语，说对了就对她竖起大拇指赞扬一声“Great!”；作业或考试中的听力题，我有意说得稍慢些，以便尽量让她赶得上；其中的书写虽然并不尽如人意，但我总是视其努力程度给四分或五分；上面出现的诸多错误，我总是单独找她耐心辅导……其实我并没有对她的成绩抱多大希望，但她显然是在不断进步，从第一单元的 20 多分到第三单元的 70 多分。看着她渐渐快乐自信的笑脸，我的心里也充满了喜悦。可是期中考试她真的没有来参加，而且以后的学习显然是在不断退步。我明白家宁的心里在想什么，对此我充满了矛盾和无奈。思想斗争良久，我决定还是一如既往地对待她。当她在期末考试前的一次测试中终于又考了及格分时，当她应学校要求参加期末考试考出接近及格的成绩时，当她在本学期刚刚进行的第一单元测试考出 86 分的成绩时，当她一次次走上讲台开心地微笑着接过我给她的进步奖——一枚小贴人，并用含混不清的声音对我说“Thank you”时，我真的体验到了做一名教师的幸福。

说到这里，我要说明，我丝毫没有否定家宁的其他老师对她的关爱和照顾的意思，他们甚至比我付出的更多。之所以家宁的英语成绩进步较大，是因为一是三年级英语比较简单，内容少；二是英语考试内容大部分只需要写 12345 或 ABCDE 就行，而语文和科学需要大量的书写，数学需要灵活的头脑，家宁的身体条件限制了她的发挥。

最后祝每位教师都能享受到教育的幸福和快乐。谢谢大家！

破冰，从现在开始

——听杨秀治教授报告有感

2012 年的元月中旬，我有幸聆听了北京教育学院杨秀治教授所做的关于班主任专业成长的报告。作为非班主任的我，却也感触颇深，受益匪浅。杨教授智慧真诚的话语，机敏睿智的思维，自信阳光的风采，清晰流利的口才，都让我倾慕不已，久久回味，不能忘怀。近 4 个小时的报告，没有感觉到一丝疲劳，却让我们时而期待，时而微笑，时而共鸣，时而思考。

报告开始时，杨教授先做了一个互动活动，让 4 个人随便上台。大家都不知道要干什么，都不敢随便上去。动员了好一会儿，才有两男两女 4 名教师上去，其中一个还是让另一个硬拉上去的。谁知杨教授只是让他们每人随便说一种实物后，就承诺奖励亲自修改他们的论文并帮助发表。随后杨教授这样总结：“成功就是这样简单，只要你敢上台就行！”为此，我不禁想到自己，在教师岗位上干了近 30 年，却似乎从没有怎么辉煌过、成功过，只是日复一日、年复一年被动地重复着同样的工作，即使近两年随着教育观、学生观的转变，已开始渐渐享受教育教学的幸福和快乐，但因自以为看破红尘，并没有积极地展示自己的所思所得，凡事能躲就躲，从不愿积极主动地表现。再也不能这样活，再也不能这样过——我暗暗地告诫自己。

在后来的操场互动活动中，我去晚了，几经犹豫还是站到了最后排。感谢杨教授的巧妙智慧，她让大家向后转，她在给不善于表现的后排人制造机会，这样我就成了最前排的人。杨教授让我们手拉手在她周围围成四圈，然后让每个人伸出自己的右手，把左手的食指放在左边人的手心。杨教授要求我们听她说话，听到“教育”一词时，就开始左手食指撤退，不让左边的人抓住，右手去抓右边人放在自己手心的食指。巧的是，我的左边是刚被评为爱生模范的甘秀华老师。甘老师几十年如一日，始终默默无闻、任劳任怨、兢兢业业、无怨无悔地干着一年级班主任的工作。我的右边是我们可敬可爱的张玉莲校长，张校长工作中勤奋干练，生活中为人真诚豁达。她们都是我学习的榜样，效仿的楷模。我暗下决心，要赢得这场游戏。也许是我真的太专注了，我真的赢了，而且两次都赢了。两次游戏中，我都抓住了别人，却没有被别人抓住。当杨教授让大家随便谈谈做游戏的感受和体会时，我终于鼓起勇气，下定决心，第一次在这样的场合主动发言：“我认为信念很重要……。”

是的，我已经在杨教授的智慧引领下，跨出了自己的一小步，这堪称自己的一次破冰之举。以后我会继续勇敢地走下去，走出一个越来越精彩的自己!

为了孩子们记忆中的美好瞬间

看到钱理群教授说的“中小学教师工作的意义和价值，就在于成为学生青少年和童年记忆中美好而神圣的瞬间”时，瞬间产生共鸣，不由想到了几件事情。

一次在商场购物后去收款台交款，收款员是一位30多岁的长相甜美的女子。她看到我后，惊喜地站起来叫“老师”，看我一副不认识她的样子，又赶忙解释她叫什么名字，说我是她初中二年级时的班主任。我终于对她有了点印象。看后面没有交款的顾客，她又和我谈起上学时候的事情，说我那时候对她如何好，她报到时来晚了，没有她的桌椅，我帮她又搬桌子又搬椅子；她的学习成绩不好，我从来没有批评过她；她的英语书丢了，我把我的借给她用——她说的这些事情，我竟然没有一点印象。

还有一次邂逅一个30多岁的文质彬彬的男子，他问我老家是哪里的，是不是教师，得到肯定地回答后，他告诉我，他是我的学生，我教过他们班的地理课。得知这些，我很惭愧，因为我知道我当时的地理课上得有多么糟糕。我对他表示了歉意，可他却说，“虽然您上课就是给我们念念、勾勾、画画，可我们还是喜欢上您的课，因为您总是那么温和，从来不对我们发火”。

更记得几年前教过的一个小男孩，想起他就不禁莞尔又心生温暖。男孩听说他妈妈想给我们学校的一位老师介绍对象，就请求妈妈也给英语老师介绍一个。他妈妈奇怪，你们英语老师的孩子都上大学了，还介绍什么对象？他也奇怪，既然英语老师有了孩子，怎么从来没有在课堂上说过！因为他在课堂上经常听其他老师说自己的孩子，而没有听英语老师说过，于是就联想到英语老师肯定还没有对象，没有结婚。听了孩子的妈妈当笑话告诉我的这些，我在感动之余，也生发很多感慨。孩子的心灵是多么的细腻，他们竟然从教师这样的上课细节中，就能联想到其他问题；孩子的心灵又是多么的柔软，那么希望为老师解决困难；同时也说明孩子们听讲的时候，更加关注的是知识以外的内容，而不是知识本身。

想到这，我顿觉醍醐灌顶，豁然开朗——长大成人后的学生，对老师最清晰的记忆，往往不是教师自己在意的名利业绩——老师在某公开课上的精彩表现、老师在某次表彰会上的大出风头、老师在统考中考了第一、老师取得了什么级别的荣誉——他们记住的，恰恰是教师自身并不知晓的点点滴滴的细节。而正是这点点滴滴的细节，才构成了学生日后或美好或痛苦的回忆。

回想过去 30 年的教学经历，无意之间，我曾给多少学生带来心灵的伤害，给多少孩子留下痛苦的记忆？当越来越清晰地想起一直留存在记忆中的往事，心中就涌现出强烈的不安和深深的懊悔。

记得十几年前刚到这所学校，担任一年级一个班的语文课兼班主任。班里有一个女孩，成绩极差。虽然我并没有在班里表现出对她的歧视，虽然我一直在鼓励她并给她补课，但最后还是没有抑制住心底的那分自私与虚荣，为了期末考试我班能考第一，我竟然在考试之前到她的家里，请求她的家长不让她参加考试。她的父母是善良的，他们答应了我的请求。但是我忘不了离开她家时，那个女孩哀伤的眼神，落寞的表情。随着时间的推移，我越来越不能原谅自己。我不知道这个女孩儿现在做什么，怎么样？也不知道那件事情会给她幼小的心灵怎样的伤害？我只愿那件事对她的伤害能降到最低最低！

还记得班上有一个小男孩。现在想来，那是一个多么可爱的孩子，想到我曾经对他做过的事情，就觉得自己是那么的不可原谅。男孩是班里的体育委员，运动会上大显身手，一举夺得参赛所有项目的冠军，为班里赢得荣誉。男孩集体荣誉感极强，为了给班里争得分数（少队部规定：学生捡到钱、物之类上交少队部，给所在班级加分），他说把捡到的 5 元钱交给了少队辅导员。可是我并没有接到少队部给我班加分的通知，就找到辅导员老师问是怎么回事。她说，根本没有收到过我班学生的 5 元钱。我又回去问这个男孩，他还是坚称捡到 5 元钱交给了辅导员。于是我愚蠢地拉着这个男孩去找辅导员对质，当然还是各说各理，最后不了了之。可是我却因此断定这个男孩是个爱撒谎的孩子，从此不再信任他。他说交了作业，一查没有他的，就认为他在撒谎；他玩的玩具，别人说是他偷拿别人的，他说是自己的钱买的，我就选择相信别人——我把这些事情去向他的家长反映。当他的家长说玩具是家长给的钱买的时，当后来我在讲桌的另外一摞作业中找到他的作业时，我心里也曾觉得有点对不起他，但从没有在行动上表现出来。现在想想，对于一个年仅 7 岁的孩子来说，即使他说的不是真话，也不能说是品行有问题的撒谎，因为他只是想为班里赢得荣誉而已。多么纯净可爱的童心，却让我的无知浅薄、自以为是给生生玷污。不知道这段记忆对他来说是多么的孤独可怕，不知道这件事情会给他带来多大的伤害，只愿这件事情对他的伤害能降到最低最低！

班上还有一个女孩，是班里的班长。她不仅聪明、漂亮、可爱，而且成绩很好。可想而知，我非常喜欢她，她也很喜欢我。下课时她总是喜欢拉着我的手，或往我的怀里蹭。可是一次班会上，因为什么事情，她没有积极举手，可能我几次注视她的目光里有诸多不满，从此她不再和我亲近，甚至有一次我去她的家里找她有事，她的父母都不在家，她竟然不说让我进门，而是隔着防盗门和我说话。她真的把我当成了陌生人，而不是曾经最亲近的可信赖的老师。我的心里充满了失望和悲哀，孩子的心是那么的稚嫩和敏感，我知道是我的对她不满的眼神伤害了她。如果时光能够倒流，我一定会忽略她的不举手，然后课下再耐心询问她原由。那样，她的记忆中一定会少了一段不愉快和伤害，心灵中会多了一份温暖和信任。

可是时光无法倒流，伤害一旦造成，注定无法挽回。为了将来孩子们的记忆中多一些温暖美好，为了让我们的教师生涯中少一些懊悔和遗憾，我们所能做的只能是从现在开始，努力提高自己的人文修养和专业修养，注意自己教育教学的点滴细节，不仅仅关注孩子们的学习成绩，更要关注他们丰富多彩的心灵世界。

衷心地谢谢你——《教师博览》原创版

只因那年偶然的相见，从此与你一生结缘。每月和你见面的日子，成为我最幸福的期盼。衷心地谢谢你，《教师博览》原创版。教育生活中有你陪伴，我永远不会感到孤单。——这是我，一名普普通通的小学英语教师对《教师博览》原创版道出的最真挚的心声。

2009 年 11 月，学校组织教师征订报刊杂志，也许是冥冥之中注定的缘分，在林林总总、不计其数的众多选择中，在对你不甚了解、一无所知的情况下，我竟然选中了你和另外一份情感类的杂志，只是因为你的题目中有“教师”二字，而学校要求必须最少订一份和教育教学有关的杂志。

已经忘记了当初拿到2010年第1期《教师博览》原创版时的具体情形，也忘记了当时都是读的什么文章，只记得读过其中的几篇文章后，我就对你有了一见钟情、相见恨晚的感觉。你真的让我耳目一新、豁然开朗、惊喜震撼：教育教学竟然还有这么美丽的天地！

在认识你之前，我心里总爱端着所谓教师的架子，对学生不苟言笑，因为我要树立教师的威严；我总是对学生所犯的“错误”严厉批评，因为我觉着这是对学生负责任；我会对学习成绩差的学生有嫌弃的心理，因为他们拉了班级的平均分。我每天只是上班下班，上支下转，工作倦怠，纯属在熬时间，对学生又怎能有耐心？可想而知，学生对我总是敬而远之。认识你之后，我才知道自己是多么的自私、狭隘、浅薄、无知。我懂得了真正的教育是解放人的心灵，是尊重、理解、宽容每一位学生，是不抛弃、不放弃任何一个学生。于是我努力营造平等和谐的师生关系，无论课上课下都微笑着面对我的学生。我不再对学生所犯的错误大惊小怪，一追到底，而是试着去理解他们，宽容他们。对那些成绩差的特殊学生，我给予他们更多的爱心和耐心……尤其是在2011年的第1期认识了优秀英语教师沈丽新并读了她的作品《英语可以这样教》以后，一直努力打造让学生喜欢的英语课堂，使之成为孩子们愿意逗留的所在，从不靠留大量的作业压榨学生，来换取自己较高的考试成绩，而是站在学生的角度，精心设计教学，提高课堂效率。我还遵从你的教诲，为了提高自己的专业素养，挤时间阅读了苏霍姆林斯基的《给教师的一百条建议》、王木春的《做一个聪明的教师》、李镇西的《做一个好老师》、吴非的《不跪着教书》等，让自己的心灵得到一次又一次的洗礼。

正是因为自己教育教学观的改变，我才真正享受到了教育教学的幸福和快乐。当公认的调皮学生说自己最喜欢的老师是英语老师时，当被认为弱智的学生英语考了及格分时（其他学科是个位数），当孩子们看到我走进教室，欢呼“又上英语课了”时，当行为自私的孩子做了错事没有受到严厉地批评，以后却变得越来越好、主动助人时，当不是节日的日子，收到学生的有趣小礼物时，当学期中间因学校工作变动，我不能再教一个班的学生，收到学生写给我的信，表达对我的感谢和留恋之情时……我知道这所有的一切都源于你，《教师博览》原创版。

如果没有认识你，我很可能就在那感觉枯燥无味、厌倦疲惫的教学生活中，浑浑噩噩，混到退休，不会有对教师生活的美好回忆，不会有对教育教学的深切怀念，有的可能只是懊悔和遗憾。因为认识了你，我才焕发出对教育的极大热情，我才懂得了教育之中应该有自己应该坚守的东西，我才能够在繁重的教育教学工作中累并快乐着，我才能有最后十年幸福快乐、温暖充实的教育生活。这叫我怎能不感谢你——《教师博览》原创版！

至今为止，我们已经相依相伴走进了第四个年头，我会一直和你走下去，直到退休，不，直到生命的尽头！

附记：不知何故，2013 年 2 月的《教师博览》原创版直到 3 月 7 日才到。在这之前的一个多月里，我曾经数次到学校传达室询问，惹得警卫一见我就说，你的杂志还没有来呢。3 月 7 日中午放学到传达室门口，警卫一见我立刻就喊：“王老师，你的杂志来了。”我迫不及待地拿过杂志，一路骑车到家，顾不得吃饭，先睹为快。看过“博览人语”《只为极致绽放》，再看过几篇几位优秀教师写的教育叙事，正感心灵丰盈、充实、温暖之时，豁然看到第 8 页的下方写着“我与《教师博览》主题征文活动开始啦”，顿时有了一股写作的冲动。其实自从订阅《教师博览》以来的几年里，我曾经有过多次想表达我对《教师博览》感谢之情的想法，但由于这样那样的原因一直没有动笔。（主要原因是自己思想内涵欠缺、表达能力和文字水平欠佳，怕给编辑添麻烦。）现在，《教师博览》给了我这样一个机会，我一定不能错过。于是下定决心写出我最真实的心声，表达我对《教师博览》最真挚的情感。于是有了这篇《我衷心的谢谢你，〈教师博览〉原创版》，终于了却了我埋藏几年的夙愿。再一次说声“谢谢”！在《教师博览》创刊 20 周年的大喜日子里，衷心地祝愿贵刊成为所有教师的最爱！顺祝各位编辑家庭幸福！工作顺利！身体健康！

用一颗慈悲之心，关爱每一个学生

各位领导，各位老师，大家下午好！首先祝大家妇女节快乐！

今天我演讲的题目是“用一颗慈悲之心，关爱每一个学生”。著名教育家于漪说过：“教育的力量，在于教师的成长，而教师的成长根本在于深度的内心觉醒。”我承认，在我所任教的 27 年里，至少有 20 年都是在混沌或半混沌状态下度过的。虽然也一直在谈论爱生的话题，但骨子里却从没有对学生设身处地的换位思考，更谈不上用心灵和学生对话了。所以可想而知，在过去漫长的岁月里，由于我的麻木、浅薄、狭隘、自私，不知会伤害过多少孩子稚嫩的心灵。如果有机会，我愿意向他们一一道歉。衷心希望他们现在一切都好！

庆幸几年前仔细研读了苏霍姆林斯基《给教师的一百条建议》一书，一扇崭新的教育之门开始向我打开。“只有那些始终不忘自己也曾是一个孩子的人，才能成为真正的教师。”原来我一直不配成为真正的教师。接着我又读了一系列教育教学方面的书籍、杂志及文章，内心渐渐苏醒。我开始懂得爱生包含着教师对学生的温情和善意、理解和尊重、呵护和体谅。张爱玲说：“因为懂得，所以慈悲。”我开始用一颗慈悲的心态对待学生：

因为慈悲，从来不因为学生的分数差而批评学生，逼迫学生。而是用更多的爱心和耐心去了解他们，帮助他们，促使他们不断进步，进而增强他们的自信心。很多老师熟知的亚宁和家宁，一个是自闭症患者，一个是脑瘫患者，她们在期末考试中都取得了及格和接近及格的成绩。她们开心的笑脸，羞涩的话语，让我觉得付出的回报是如此美好。

因为慈悲，对那些让人着急、头疼的孩子，总是报以宽厚的容忍，耐心的等待，相信改变迟早会发生。

因为慈悲，对学生显而易见的错误、过失，不过于渲染自己的理直气壮，而是用一颗包容之心去感染学生，保护他的自尊心，引发他的上进心。

因为慈悲，从来不占用学生课下休息时间讲课。那是学生自己的10 分钟，他们应该去解手、喝水、玩耍或休息，以便有充足的体力和脑力迎接下节课的学习。

因为慈悲，从来不给学生留大量的、机械的重复性作业。能不留就不留，能少留绝不多留。

诗人汪国真说：“我本想收获一朵浪花，你却给了我一片海洋”。我对学生的一点慈悲换来的是学生对我纯真的爱和喜欢。

一年前，由于教师任课变动，我不再教三—3 班的孩子。知道消息，很多孩子都表现出对我的依恋和不舍。在我心目中性格内向的王天泽还给我写了一封信，让我感动无语。信的内容如下：

亲爱的英语老师：听说您要不教我们了，我很难过。我不想离开您，同学们也不想离开您。谢谢您上半年对我们的照顾。我想您再也不能教我们了，我觉得用这封信能还您这半年对我们的爱。我会想您的，您这半年辛苦了，我爱您！

您的学生　王天泽

2010.3.5

为了表达我对孩子们的感激之情，利用周末休息时间，我给全班50多个孩子每人写了一张小纸条，写上我对他们的喜欢以及对他们的祝福和希望。很多家长对我说，孩子们非常喜欢这张小纸条，并加以收藏，对此我内心充满欣慰。

当我不再认为教育就是让学生考出好成绩时，当我不再执着的做学生的分数培训师时。我的学生们却越来越喜欢上英语课，他们的英语成绩显然也越来越好。真正教育的感觉原来如此美好！

其实多少年后，学生们记住的不会是你课堂上讲解的知识，而是知识以外的一些东西，比如你的温情，你的智慧，你的宽容，你的幽默……当然也可能是你的刻薄，你的冷漠，你的粗暴，你的浅薄，这才是教育的真正结果。

最后衷心的祝愿我们的每位教师都能享受到教育过程的快乐，教育结果的幸福！谢谢大家！

在读书中成长

——听陶继新老师报告有感

对陶继新这个名字并不陌生，但只知道他是一位近年来活跃在我国教育界前沿的教育专家，写过《做一位幸福的教师》等多部教育专著，却还无缘拜读，更对其其他的事情知之甚少。没有想到，今天下午能有幸亲耳聆听陶老师给我们做关于读书与教师生命成长的专题报告，更没有想到他已经是一位 64 岁的老人。因为他看上去是那么的神采奕奕，思维敏捷。三个多小时的报告，一直是谈笑风生，智慧迸发，没有显露出丝毫的倦意。

陶老师说他好多年来都没有生过病，每天读书写作，到处讲学，一点都不觉得累，这都是得益于他热爱读书的缘故。这话有些人可能听起来不信，但我是确信不疑。正如陶老师所说："读好书能使人趋真向善，宁静致远，宠辱不惊，气质高雅，疏离浮躁，淡泊名利。"所谓病由心生，如果一个人的心是轻松的、愉悦的、安宁的，真的会少生病或不生病。

听陶老师的报告，常常能产生心灵的共鸣。读经典好书，的确能让人心灵丰富充实，促进生命的成长。

读周国平的《岁月与性情》："我对一切太喧嚣的事业和一切太张扬的感情都心存怀疑。他们总是使我想起莎士比亚对生命的嘲讽'充满了声音和狂热，里面空无一物'。"这段话使我去重新审视某些人某些事，不至于太过盲从地去推崇。

“我的人生若要用一句话去概括，就是真性情。我从来不把成功看做人生的主要目标。觉得只有活出真性情才是没有虚度人生。所谓真性情，一面是对个性和内在精神价值的看重，另一面是对外在功利的看轻。”也许是长期书香的浸染，我虽然才疏学浅，但不缺乏真性情。我总是真诚对人，用心做事，学校要求写教学论文或德育论文，我从来都是自己写自己真实的想法和做法，而不是去抄袭网络文章，我也不会为了一己私利刻意去讨好领导，而只求做人做事对得起自己的良心。

几年前读苏霍姆林斯基《给教师的一百条建议》后，开始反思自己的教育观教学观，逐步让自己走进孩子们的心灵，后来订阅《教师博览》原创版，使自己的教育生活有了全新的体验，越来越体会到教育的幸福和快乐。读吴非的《不跪着教书》，让我对现存的教育现状有了更客观更清醒的认识，知道了自己究竟应该如何去做。读李镇西的《做最好的老师》，让我知道了怎样向一个好老师的目标迈进。

近几年来，我能够以一个健康的身体应付繁重的教学工作，能以一颗平和平等之心对待每个学生，不抛弃不放弃一个学生，我想这都得益于我喜欢读书的缘故。

贾平凹在《好读书》中说道：“好读书，能识天地之大，能晓人生之难，有自知之明，有预料之先。不为苦而悲，不受宠而欢，寂寞时不寂寞，孤单时不孤单。所以绝权欲，弃浮华，潇洒达观，于嚣烦尘世而自尊自重自强自立不卑不畏不俗不谄。”

读书是幸福的，是快乐的，我读书，我成长！

学生篇

每个孩子都值得尊重

期中考试结果出来了。我赶紧去翻凡的英语成绩——88 分！没有太大的惊喜，因为全班的平均分是 93 分多。但也算比较满意，毕竟他通过自己的努力，由平时单元测试的 40 多分，50 多分，60 多分到期中考试前的综合测试 70 多分，一直到现在的 88 分。一步一步可以窥见他努力向上的阶梯。回想开学初到现在凡的成长变化，我真是感触颇多，在这里一吐为快，和同事朋友分享。

开学初的第一节英语课，凡就给我留下了深刻的印象。不仅仅是他特殊的姓氏，更是因为他特殊的课上表现。他不会好好坐着听讲，一会儿回头说话，一会儿因招惹同桌被告状，一会儿又钻到了桌子底下……我极力维持自己和蔼可亲的教师形象，和颜悦色地提醒他，并请他到台前说句子，他竟然说的还挺好。我断定他是一个聪明的孩子。但什么原因导致他这个样子呢?

下课后，我叫他到办公室，打听他父母的电话号码。他说不知道父母的号码，只知道姥爷的。我问他父母的具体情况，他说他爸不和他们在一起住，他和妈妈和姥姥姥爷住在一起。我猜想他的父母不和或已离婚。他的特殊表现可能深受家庭影响。他想用这种方法表达他的不满，他也可能为此自卑，怕别人看不起，而用这种反常的做法引起老师的注意和重视。

后来我打电话给他的姥爷。他的姥爷告诉我，他的父母离婚了，但瞒着儿子，又说凡是多么的聪明，怎么能记不住父母的号码呢，语气里满是溺爱。我的猜想得到了证实。我想以后要给凡加倍的关心，让他和其他孩子一样健康成长。

后来，凡的课堂表现依然差强人意。我开始反思，可能我一开始就做错了。我不该对凡操之过急，没有向班主任和其他教过他的老师了解情况，就急急忙忙地给他的姥爷打电话，而姥爷又是溺爱外孙的，凡知道姥爷不会把他怎么样。凡肯定会觉得，这个老师也和原来的老师一样，就会告状。其实我真的只是想了解情况，我也一直和凡的姥爷说凡的聪明。

终于在一次课上，在凡的同桌几次告状的情况下，我终于忍无可忍，说出了不该说的话："凡，你的目的是不是想让老师和同学们都讨厌你？那么，现在老师告诉你，你的目的已经达到了！"说完此话，虽然感觉有些后悔，但还幻想着他能从此以后上课老实些。

可是后来的情况表明，老师的话让他的心灵受到了很大的伤害，他在破罐破摔。当我再让他下课后到办公室，他会一溜烟地跑走，根本不理我的茬。上课更加肆无忌惮地捣乱。让他站到教室外面时，他竟然不停地敲门。我突然惊觉到我的错误，我正在毁了一个孩子的前程和未来。于是，我让凡进教室，坐在座位上。然后真心地对全班学生说："我为我上次说的讨厌凡的话对凡道歉。我也希望大家不要讨厌凡，因为他是一个特别聪明的孩子，他肯定会成为一个让我们大家都喜欢的孩子。"此时，我看到凡的小脸红了，然后一直端端正正地坐着到下课。

后来我有意让凡到办公室送作业，我发现他是那么的高兴。我还发现凡原来是一个很懂事的孩子。离开办公室时，他会甜甜地说："老师，再见！"在校园里、楼道里碰到老师，他会鞠躬，微笑着说："老师好！"尤其有一次星期天在校外碰到了我，他竟惊喜地大喊："老师，英语老师，姥爷，你快看我们英语老师。”此时，我的心中满是感动和不安：我们的孩子是多么的容易受伤，又是多么的容易满足。只要老师真心地爱他们，尊重他们，理解他们，他们回报给老师的远远多于我们所期望的。

的确，凡上课听讲认真多了，还经常主动举手回答问题。虽然有时还控制不住自己，但只要我看他一眼，他就会不好意思地吐一下舌头，冲我一笑，然后坐好听讲。我也冲他一笑，继续讲课。

我们就这样度过了半个学期。凡，老师希望你在今后的日子里，再接再厉，争取更加优异的成绩。孩子，相信自己，老师也相信你！你将来会是最棒的！

教师的幸福

因为学校的人事变动，我不再教三—3 班的英语。今天是最后一次给三—3 班上课。我的心里有说不出的滋味。虽然以后少上一个班的课能够轻松些，但毕竟和这些孩子相处了半年多，付出了我那么多的心血，见证了这些孩子的不断成长和进步。想到就要离开，真是有很多依恋和不舍。

我微笑着走进教室，孩子们呼啦围上来一大群。不知道他们怎么得到的消息，说话风趣、喜欢搞怪的李宗楚大声嚷嚷：“老师，听说您要把我们给甩了呀，您可千万别把我们给甩了呀。”有的拉着我的手，急切地问：“老师，您真的要不教我们了吗？您不走行吗？”有的小女孩眼里含着泪花，默默地看着我。我极力忍住要落下的泪水，让他们坐回自己的座位。

上课铃响了，教室里鸦雀无声，从来没有过的安静。孩子们都抬头凝视着我，竟让我想到了以前上中学时学过的都德的《最后一课》。我先告诉孩子们：有位年轻漂亮的新老师要来教你们，她教的肯定比我要好，希望你们以后一定要好好的听新老师的话。我会时常来看你们，你们有什么事情就来找我，我随时欢迎。然后我们开始学习这节课的新授内容。孩子们都从来没有过的专注。一节课似乎很快就过去了。下课铃响了。

我让孩子们下课，他们都坐在座位上没有动。我收拾东西准备离开，王天泽到前边递给我一封信。我打开看完，感动无语。

我只是做了一个教师最应该做的事情，尽了一个教师最应该尽的本分，却得到了学生这样纯真无私的热爱。尤其是天泽，在老师的眼里一直是一个内向不善表达的孩子，却有着这样一颗水晶般的心。谢谢你，天泽！谢谢你们，我可爱的孩子们！愿你们在以后的日子里更加开心快乐！学习进步！I love you!

送给孩子们的话

临别之际，Miss Wang 送给每个孩子几句话，作为小小的礼物。全班共有 59 人，这里摘抄送给部分学生的话语，以此表达对孩子们的殷殷之情。

庞欣怡：美貌与才华兼备，集众人宠爱于一身。你不知道，老师也是那么的喜欢你，羡慕你！未来日子里，老师期待着一个更加杰出的你！

杨一璇：你是那么的聪明可爱，又是那么的懂事上进，怎不令老师由衷的喜欢。老师相信，将来的你一定会更加优秀！

王天泽：一直以为你是一个内向不善表达的孩子，却原来你是这样懂得感恩！谢谢你，可爱的孩子！未来人生路，愿幸福与幸运永远与你相伴！

毕翼飞：一个那么喜爱读书的小女孩，一定充满了聪明和智慧。老师深深地祝福你：学业有成，前程似锦！

吴小曼：一个执着认真的孩子，虽然不爱表现自己，但你的踏实努力，你的优异成绩，老师都记在心里。尽情地展示自己吧，你是最棒的！

宋爽：你对老师的热爱让我感动，你在英语学习上的进步让我叹服！继续努力吧，可爱的孩子，相信自己，将来的你一定会更加出色！

刘欣宜：谢谢你称我是你最喜欢的老师，单纯可爱懂事上进的孩子。其实老师也是那么的喜欢你。继续努力吧，好孩子！你一定会越来越棒！

王路阳：总是乐呵呵，好像对什么事都满不在乎的你，其实是最重感情，学习也最知努力。谢谢你对老师的热爱！佩服你优异的学习成绩！你的人生之路，一定会充满阳光！

李宗楚：欣赏你出众的口才、动听的歌喉。你的聪明，你的热情，都使你具有成为杰出人才的潜质。坚持不懈地努力吧！相信自己，你会成功！

洪荣骞：其实老师一直在关注着你，为你的进步而喜悦，为你的马虎而着急。这都是因为老师喜欢你。喜欢你温文尔雅的气质，喜欢你的聪明懂事。相信自己，超越自己，你会是最棒的！

王盈艺：在班内，你总是默默无闻的一个，但老师一直在关注着你的努力、你的进步。尽情地展示自己吧！鲜花总会有自己的春天！

吴亚轩：善解人意，做事老成，一副标准的“小大人”形象。你的聪明智慧，你的懂事上进，一定会引领你成为杰出的人才。努力吧！老师深深地祝福你！

付天宇：你对老师默默无私的爱，让老师深深感动。老师相信懂事的孩子做什么事情都会成功。祝你学习取得更大进步！

冯叶：你聪明活泼可爱，你是班里最小的妹妹。老师相信，随着你的成长，你一定会越来越优秀！相信自己，加油！

刘子墨：谢谢你对老师一如既往的热爱，老师也非常喜欢你，懂事可爱的孩子。愿你用自己不懈的努力去证明自己是最棒的！

滑一凡：你不知道，老师是多么的喜欢你，只因为老师知道，你是一个既聪明又懂事的好孩子。相信自己，尽力管住自己，未来的你一定是最棒的！

刘锦昊：你对老师默默无私的爱，让我感动；你在英语学习上的优异成绩，让我叹服！继续努力吧，美好的前程一定属于你！

王亚宁：表面上你是一个沉默寡言的女孩，其实你有很强的表达能力。你是金子，终将有发光的一天。相信自己的努力不会白费，相信老师会永远爱你！

高俊：老师知道你是一个懂事重感情的孩子。你在新学期的努力，老师都看在眼里。继续努力吧，美好的未来一定属于你！

冯星然：谢谢你对老师一如既往的热爱。“一份勤劳一分收获”，愿懂事可爱的你早日懂得这个道理。

柳祎楠：你聪明可爱，智慧超群，多才多艺，成绩优异。这一切都让老师那样佩服你。但“一花独放不是春”，期盼在你带领下的班级早日实现“百花齐放春满园”。

郑祥云：你的执着努力，你的踏实认真，你的出色表现，你的优异成绩，老师都一一记在心底。你不知道老师是多么的佩服你。继续努力吧，争取再创佳绩！

王甜甜：甜美可爱的笑容一如你的名字，踏实认真的学习态度令你的成绩优异。你不知道老师是多么的喜欢你。尽情地展示自己吧，相信自己是最棒的！

冯浩轩：一如既往的踏实努力，一次又一次出色的成绩，都令老师那么欣喜。继续努力吧，美好的前程在等待着你！

肖建伟：谢谢你对老师一如既往的热爱。老师知道你一直在默默努力。相信自己的努力不会白费，期待着你能给老师一个惊喜。

王鹏飞：喜欢你总是笑眯眯的小脸，喜欢你的聪明懂事活泼可爱。老师相信，未来的日子，你一定会在属于自己的一片天空中，展翅高飞！

毕文喆：白净可爱的小脸，聪明智慧的眼神。你不知道老师是多么的喜欢你。相信自己！将来的你，一定是最棒的！

佟鑫：活泼可爱的孩子，请你记住：自己想要的东西，要靠自己的努力去争取。老师相信，将来的你一定会大有出息！

樊竞文：既聪明活泼，又踏实认真。你是那么完美地把它们结合在一起。所以你的字迹总是那么漂亮，你的成绩总是那么优异。老师相信，未来的你一定会更加出色！

边婧瑶：总是那么踏实认真，总是那么成绩优异。文静内向的你，懂事可爱的你，令老师如此的喜欢。勇敢地去展示自己吧，相信自己是最棒的！

赵春尧：虽然你不善表现自己，但老师一直在关注着你。你的努力，你的进步，你的优秀，一步一步老师都看在眼里，记在心头。相信自己，超越自己，做最好的自己！老师深深地祝福你！

田芷卉：文静秀气，懂事可爱的孩子。谢谢你对老师一如既往的热爱，祝贺你在学习上取得的进步。继续努力，相信自己，美好的未来一定属于你！

姚金琳：知道你一直在默默地努力，谢谢你对老师无私的热爱。坚持不懈地努力，你一定会取得更好的成绩！好孩子，加油！

薄雨然：担心你瘦弱的身体总爱有病，佩服你竟然能取得优异的学习成绩。聪明可爱、坚强懂事的孩子，以后要多吃饭，勤锻炼。老师祝你一生健康快乐！幸福平安！

课本剧《骄傲的孔雀》排练记（一）

期中考试前，学校要求每班拍一个课本剧，准备月底比赛。期中考试后，我从网上找了剧本《骄傲的孔雀》，让四班排练，于是有了下面感人有趣的故事。

一、猴子三易其人

扮演猴子的演员一开始选的是菲，不仅是因为她积极报名，而且还因为她读课本对话也挺流利。可是一个星期后，检查熟悉台词的结果，孔雀和狐狸那么多的台词都背了下来，猴子不仅弄丢了剧本，而且几句台词读着都费劲。我批评了她几句，为她的不够上进，也为她不强的责任心。我说再背不下来，就换人。只想以此激发她的上进心。不料，第二天，她主动要求不演了。于是又从积极报名的同学中选了轩，虽然他的英语学得不是太好，但他敢于表演，人又聪明，我想正好借此激发他学习英语的积极性，可是几天后，他的台词还是说的结结巴巴，同学又反映他总和松鼠耍闹。我想得找一个让人放心的学生来演。我找到翟劲宇。他原来并没有积极报名，这回也爽快答应了。强将就是强将，三天后，我让轩和翟劲宇 PK，翟劲宇明显比轩背得流利，语感强。可是轩不肯走，我只好让他先当替补的猴子演员，可以参加课本剧的排练。

二、二鹿你争我抢

扮演鹿的演员起初是岳，起初是我也没有先看剧本的具体内容，孩子们自动就把角色分了。可是我后来发现，根据剧本内容，鹿应该比大灰狼又高又壮才对，可是现在看，是大灰狼明显比鹿要强壮得多，我几次想换掉鹿，可是岳心情很迫切地想演这个角色，并且为之付出了很大努力，加之说的演出的日期 12 月 2 日就要到了，我想就这样了吧。可是学校后来又决定把演出日期推迟到圣诞节，让各班精心准备。我下定决心换掉岳，虽然有些不忍。我找到尹正阳，这是一个会敲架子鼓的演员，很有演出经验，英语虽然不是出类拔萃，但语流语感还不错。起初他说学校有演出任务得排练。我正遗憾之时，不久他又说有时间了。我定下让尹正阳演鹿，然后又硬着头皮去和岳说，岳果然有些失落，我让他先当替补鹿，可以参加排练。排练过程中，有时上来两个鹿争着说台词。最后，我不得不让岳为了班级的荣誉做出牺牲，说军功章永远都会有他的一半。

三、大灰狼后来者居上

扮演大灰狼的演员起初是星。可是一段时间后，别人的台词都背熟了，就他还是结结巴巴的，我知道他不是一个勤奋的孩子，只是因为当初他积极报名才要的他。我下定决心换人。为了不打击他的积极性，我让他和我找的新演员王秉越 PK。王秉越是一个懂事聪明的孩子。几天后，我检查他们的台词，王秉越明显比星强。我安慰星，以后有机会再上，并且感谢他的积极参与。王秉越不仅台词越来越熟，而且演得越来越好，有时凶恶，有时可怜的语气，戏弄孔雀，跪地求饶的动作，我们还加了一段他的拿手戏葫芦丝的表演，真是一个再合适不过的大灰狼。

四、孔雀有惊无险

扮演孔雀的王佟文思是一个非常优秀的女孩，凡事很有自己的想法，接受能力特别强，英语口语不仅流利，而且优美。拿到剧本后不几天，她就能大致背诵下来。我在剧本中加了一段孔雀表演舞蹈的戏，想找个老师教她舞蹈。她却不愿意，说是自己在网上视频中学习。她能很快理解剧本的意思，根据台词编出动作。可是就在没有几天就要演出的时候，她却生了水痘，呆在家里。正当着急无奈之时，学校把演出日期推迟到了圣诞节，王佟文思在家里呆了一周，回校的时间正是原定演出过后的一天，如果没有推迟演出日期，结果会怎样？不敢想象！

五、狐狸愈演愈棒

扮演狐狸的王越扬是一个非常踏实认真上进的女孩儿，她的台词几乎和孔雀的差不多，但她是最快就背熟了台词的孩子，同时也是排练最积极认真的孩子。所以每次排练，我都能感觉得到她的进步。台词不仅越来越熟，而且语感越来越强，语气动作也越来越到位，我有预感，她将是一个最棒的狐狸。

六、小松鼠渐入佳境

扮演小松鼠的佳是一个英语学得不太好的孩子。当初让他扮演小松鼠，一是因为他积极报名，我想以此激发他学习英语的兴趣；二是因为他会翻跟头，剧本中有松鼠翻跟头的动作。松鼠的台词只有三四句，有的还是和别人合说的，可他却总是演不好，不是忘了接台词，就是说错台词，还总是想着和别人耍闹，真是令人头疼。还好经过批评教育，最后终于能比较顺利地演下来了。

课本剧《骄傲的孔雀》排练记（二）

就在排练日益成功，只等演出日期的关键时刻，大灰狼的扮演者王秉越又生病发烧呆在家里。三天后回到学校，我发现他脸上好像有生水痘的迹象，就告诉班主任。班主任让他回家去医院检查，证实确实是水痘。这时距离演出的日期只有 10 天的时间。按照常规，王秉越至少也得在家里再呆上一个星期，排练又不能顺利进行了。我们只能祈祷王秉越早日恢复健康。还好，就在演出前三天，王秉越终于回到学校。

演出的时间终于到了，可是原定的 12 月 24 日下午两节课后，又临时改到 25 日。就在 25 日上午临放学时，鹿的扮演者尹正阳又告诉我，他下午一点半要和学校的演出队去大剧院彩排节目。我找到音乐老师，问是怎么回事，得知是上面的任务，是为道德模范颁奖会演出节目进行彩排。问什么时间回来，回答说不知道，得上级领导满意才让回来。我想，我们演出的时间就是放到最后也不见得能赶上，真的是天意不让我们成功吗?

下午我 12 点半到学校，我也提前通知有演出任务的孩子 12 点 40 到校。我先找到主管领导，把情况跟他做了介绍，希望他能想想办法。

可是他说他也没有办法。当时，我心里的失望到达了顶点。

我走出办公室，孩子们正在外面等着我。他们要为尽量完美的演出做最后的排练。我曾经告诉他们，演出时会有全程的录像，他们是那么期待，那么兴奋。还有孩子的家长，曾经要求来观看孩子的演出，又希望能得到演出的录像带；还有的家长主动从网上给孩子购买动物头饰；有的家长主动给我们提供剧本并打印，有的家长在家里辅导孩子的台词和动作……

我也想到了自己，一开始向实验学校借服装，被告知已经让我们学校的教师借走，几经查证，才明了真相。后来请求美术梁老师画出各种所需的动物头饰，我又迎着寒风，从城西到城东，从城东又到城南，骑车几公里，找了一家又一家的复印社，终于有一家答应给我们的头饰塑封。我在那里借用人家的刀子和剪子，一张张地修剪，终于把头饰做成功。孔雀的服装没有着落，我四处打听，得知三年级有个孩子自己有孔雀服装，就前去拜求，人家倒是答应了，又恐生变，再求她的班主任和她说，最后服装终于借到手。可是，我们所有的努力就是为了这么一个结果吗，我真的不甘，即使我能说服自己，这就是命，可我怎么向孩子们交代，怎么向家长们交代？

我决定无论尹正阳什么时间回来，我们都等他，即使没有评委。我们也要录下我们的演出，我找到录像的老师，说明了情况和要求，她爽快地答应了。谢谢！

到了演出的时间，其他老师建议到时我在旁边读鹿的话，反正也不是主要角色，又在最后，我竟然答应了。

也许是真的是老天有眼，就在三年级的节目快演完时，尹正阳竟然来到了礼堂，我顾不上问他究竟是怎么回来的，赶紧催他做演出的准备。我和其他孩子们都是如此的高兴。

演出堪称完美，起码在我的眼里。王佟文思的动作、语言无人能比；王越扬的口语、表情无人能敌。无论最后结果如何，你们都是我心中的第一！可爱的孩子们，你们真了不起！我为你们骄傲，我为你们自豪！

后记：这个节目获得中年级组第二名。王佟文思和王越扬分别获得“最佳表演奖”和“最佳口语奖”。

偏爱“差生”

因为喜欢郑渊洁的所有童话，因为欣赏他的教子态度和方法，所以相信他说的这句话：“差生是差家长和差老师联手打造的。”我还相信，打造差生教师的“功劳”最多是50%。为了不背负这最多一半的“功劳”，为了每个孩子最大限度地得到发展。我越来越喜欢和“差生”打成一片。而他们在不断进步的同时，对我却越来越“肆无忌惮。”

三—2班的小高懒散，随便，自制力极差，因此经常受到我的批评、训诫。可当班主任问他最喜欢哪位老师时，他的回答是“英语老师”。当班主任告诉我这些时，我想到了这样一句话：“教师只有真正的热爱学生时，才有资格训诫学生。”如今的小高依然比较随便，有时我正在楼道里站着，他会突然从后面打我一下，然后笑着跑掉。小调皮鬼，老师相信，你总会长大懂事的。

还有小帅哥岳，见到我就先做个鬼脸，然后再鞠躬说“老师好”。一次急急忙忙到办公室找我，塞给我一个白纸包，说是旅游纪念品，就跑走了。好家伙，这个小纸包缠满了透明胶条。我好不容易才打开，一看原来是三枚纪念建国 60 周年的徽章。谢谢你，可爱的孩子，老师收下了你的礼物，也收下了你热爱老师的一片童心。

三—3 班的然和俊，老师看到你们上课越来越积极地举手，渴望回答的眼神，稳步提高的成绩，心里是多么的欣慰啊！尤其是然，期中考试两个不及格孩子中的一个，如今竟然主动到办公室问我，什么时间考试，说有把握考好。老师当然相信你，上次的 4 单元测试你不是已经考了 80 多分吗？加油！努力着的孩子就是可爱的孩子！

哦！我放在讲桌上的课本什么时候贴了这么多的卡通画？原来是坐在讲桌边的俊贴的。当他把剩下的一张硬要给我，而我要拒绝时，他眼泪都要下来了。我只好接受了这个孩子的一片心意。因为强行拒绝是不礼貌的，也会伤害孩子的心。

三—1 班的豫和李，两个胖胖的小男孩，都是非常憨厚、老实，怎么就是成绩上不去呢？尤其是豫，从来没有考过及格，期中考试竟然是 59 分的成绩，真是闹心啊！可是最近老师发现你们上课也积极举手了，而且有时说的还挺好。老师表扬了你们，并让全班同学为你们鼓掌表示鼓励。你们的小胖脸又高兴又不好意思。老师相信，你们一定会越来越好。

孩子们，说你们是差生，其实是不公平的。你们只是在某一阶段，由于某种原因，成绩暂时差点而已。谁也没有权力现在就判定你们的将来。谁这样做，谁就是在犯罪！还有宁，虽然你的成绩一直是十几、二十几分，虽然有人说你是自闭症，也有人说你的智商有问题。但每次和你相遇，看到你白净的小脸微红，听到你细声地说“老师好”时，我就想到美国的一位教师说的话：“孩子，我们爱你，只是因为你的品德，和成绩单毫无关系。”

成绩好的孩子谁教成绩都好，成绩差的孩子就不一样了。教师的态度、方法会直接影响孩子是越来越好还是越来越差。我只是不愿推卸那50%的责任，让我教的每一个孩子都能最大限度的得到发展和进步。

让我如何对待你（一）

做教师近30年，教过无数形形色色的学生，但像你这样特别的孩子还是第一次碰上。回顾半年多来你所有的表现，真是让我欢喜让我忧。

刚接手你们班的时候，我问班主任，班里有没有特殊的学生。班主任说出了你的名字，说你是弱智，就坐在南行第一桌。上课时，我发现那里坐着两个男孩，一个回答问题特别积极活跃，一个相对比较沉默。于是我认定那个沉默的男孩是“你”。

当不久我发现认错你后，一直不解：你怎么可能是弱智呢？你那么懂事有礼貌。每次老师走进教室，你总是主动问好；下课后老师离去时，你总要再说一遍再见；看到老师插录音机的电源时，总是关切地说“老师你可要小心点，别被电着啊”；中午放学路上碰见老师会说“老师你去我们家吃饭吧”。

可是不久我发现你上课开始迟到。有时上课铃响了，你不在。同学说你在厕所玩。我去找你，你果然在。我让你回教室，你乖乖地跟回来，还此地无银三百两地解释说你在解手。

此后你还会经常迟到，你会大声地喊“报告”，然后推门进来，似乎不好意思地说：“老师，我又迟到了。”起初，我让你回到座位上。

后来我对你说“以后再无故迟到，就去教室后面站着”。你倒自觉，依然迟到，然后进来说一句：“老师，我又迟到了。”就主动走到教室后面站着。

一次上课，你又不在。我问学生们：“一会儿李非（化名）来了，会说什么?”学生们异口同声地说：“老师我又迟到了。”“我们怎样才能帮他改掉这个坏习惯?”同学们七嘴八舌，议论纷纷，最后形成了一致的决议。当你又一次故伎重演的时候，班长站了起来“老师，我想提个建议。”“好，你说什么建议?”“我们不想让李非在我们班了。”这时其他学生也纷纷响应。我看到了你的眼睛里有了一丝恐惧，而之前都是有隐隐的笑意的。

我知道我们这样对你可能有点残忍，但我真的想不出什么好办法能让你改变这一恶习。我问你：“你能做到以后上课不再迟到吗?”你使劲的点头说“能”，我让你向同学们做保证，你做了。我让同学们给你一次机会，同学们答应了。我看到了你释然的表情。

以后我的课你很少迟到了。但我对你又有了新的发现。第一次单元测试，你只考了 20 多分，这和你平时上课的表现以及作业情况太不相符了。你的试卷大部分都是空白，只在写字母标号的地方得了一些分。我打听到，你的语文和数学成绩都是个位数，难道这就是你被称为弱智的原因？虽然我不太清楚你为什么这么做，是习惯使然还是懒惰，但我知道你绝不是弱智。

再一次考试的时候，我守在你的旁边好长时间督促你答题，你考了 60 多分。我表扬了你，并发给你进步奖，满心希望你以后会好好答题。可是期中考试，你又考了 20 多分。监场老师说，你答了不一会儿，就要求去厕所，并且一去不回。据说这是你一贯的做法。我想再考试的时候，我要嘱咐监场老师特别督促你，不叫你去厕所。可是，期末考试你不知什么原因没有参加。

我曾经找过你的家长，在电话里听语气你的爸爸似乎对老师有些敌意，经过交流沟通，你的爸爸终于说道：“谢谢老师!”我请求你的爸爸无论如何不要放弃你的学习。后来我发现你的家庭作业都完成得很好，那一定是你的家长对你督促帮助的结果。老师一直以为你是一个懂事的孩子，不要辜负你的父母对你的期望，让他们少为你操点心好吗?

你的表现总是令人出乎预料，一如你上课时不确定的表现。那次外校老师用你们班在专用教室上英语比赛课，课结束时，班主任带队回班。你突然不知从哪里冒出来。你对我说，你没有去听课，让我给你补课。我问你，一节课去哪里了？是自己私自不去听课的，还是老师不让去的。你说是自己偷着不去的，一直在数学老师的办公室呆着。我无语。

孩子，有时老师真的不知该怎么对待你。但既然今生有缘我们成为师生关系，我就应该担负起一个老师应有的责任！我想，不管你是真的不会还是不想答题，这都不该成为我们放弃你的理由，因为教育绝不仅仅只是分数!

让我如何对待你（二）

也许是我和非非的缘分未断，三年级升四年级的五个班中，一班、二班、五班都是按原来的班号走的，只有三班和四班的学生调换了一下，原来的三—3 班现在叫四—4 班，原来的三—4 班现在叫四—3 班。

所以，即使我现在只教四—4、四—5 两个班，也仍然教非非。其实如果真的不把考试排名看得特别重，我觉得非非还是挺可爱的，我一直觉得非非对我也挺喜欢的。因为我一直记得暑假开学后第一次到四—4班上课时，非非看见我时那高兴的笑脸和热情地打招呼，可是最近发生的事情让我对非非又有了新的认识。

学习第二单元“My schoolbag”的第一课时，我借用了非非的新书包作为教具使用，那是一个有喜羊羊画面的蓝色书包，用完归还非非后，我继续上课。一会儿就听非非说：“老师你把我的书包弄上粉笔了。”我示意他先听讲，下课后问他怎么回事，他说我把他的书包带弄上了粉笔，去不掉了。我问怎么办，他说让我给他买一个新的书包。还告诉我，这个书包是他妈妈花 99 元给他买的。我又气又笑，真没有想到他会这样轻易的讹上我。于是我告诉他，中午回家把事情的经过告诉妈妈，如果妈妈同意，我就给他买一个新的书包。我的目的是想通过他妈妈来教育他。

下午第一节我到 5 班上课，在楼道里碰见他，一见面，他就喜笑颜开地告诉我，他妈妈同意了。我问同意什么了，他说同意老师给他买一个新的书包。我带他到四班找到他的班主任，把事情的经过告诉她，并让她和非非的家长联系，请家长有时间第一节下课后到学校来一趟。班主任也没有他妈妈的联系方式，就问非非，他非常清楚地告诉了班主任他妈妈的手机号。班主任也问他是不是他妈妈同意让老师给他买新书包，他仍然笑着说是。下课后，我见到了非非的妈妈，一见面她就急切地询问非非犯什么错误了，看着她真诚的笑脸上着急的神色，我心里有了底。我问她非非中午回家对她说什么了没有，她说没有说什么，好像只说了英语两个字，再问他就什么也不说了。

至此，我把心放下了一大半。因为我一直觉得即使非非考试不答题，但他其实大部分是会的，而他又那么会说话，有礼貌，如果教师家长不放弃他，将来还是能在社会上生活的，可如果真的家长是这样教育孩子，那这个孩子还真是前程堪忧了。现在看来非非显然是在撒谎，他为什么要这样做？这也是我没有把心全部放下来的原因。我把事情的经过告诉了非非的妈妈，她听完后也是又气又笑，说这个书包是他的舅妈从网上买的，她都不知道多少钱，他怎么就编出来 99 元呢？

我请非非的妈妈来，除了书包的事情，也想具体了解一下非非为什么有这样与众不同的表现。我了解了非非妈妈的辛苦与无奈，非非在一年级时做过一个测试，说是他的动手能力差，不知道是不是真的差还是受此暗示，他越来越不爱写作业，导致考试不答题。老师们都把他当作一个异类，有的老师甚至对他放任自流，不管不问。他的妈妈说非非在幼儿园时，表现挺聪明的，老师让背的英语、儿歌什么的都能很快背下来，就是不爱写。我惊叹——让幼儿园的孩子写英语单词！原来如此！他妈妈还说，因为非非不爱写作业，妈妈气急了打他时，他会说要到法院告妈妈，打人犯法；有时在半路上收到的传单，他都能很快背出其中的内容。

非非的妈妈还说，她为了非非的学习操碎了心，为此把居委会的工作都扔了，专职在家伺候非非的生活和学习。她说她现在也不图孩子学习有什么长进，只要能正常学习，有良好的品质就行，希望老师们能像对待正常孩子那样管教他，她也一直没有放弃孩子的管教，每天向其他的孩子打听老师留的作业，因为非非是不会记作业的。每天晚上督促孩子做作业到很晚。我真的理解这位母亲的心，我也为自己从来没有放弃非非而欣慰。

从非非妈妈的谈话中，我了解到非非不为我了解的另一面，一是升入四年级后，非非几次对妈妈说，他上学上够了，觉得很没有意思；二是三年级时他曾对妈妈说他最怕的是英语老师，升入四年级后妈妈几次问他四年级英语老师是谁的时候，他一直不肯说是我，问急了最后才说出是我们三年级的英语老师。是因为我对他一如既往的严格要求吗？但我并不后悔，因为现在我的课上，他既不迟到，也不要求出去解手了。

当然我也清楚了自己对待非非的不当之处。我好像从来没有郑重其事地表扬过非非，即使他有时完成作业，虽然是家长帮助完成的。因为他妈妈说到这样一件事情：前几天，班主任在他的作业本上写下的批语是："你真棒！"非非回家告诉妈妈说老师表扬他了，妈妈不信，非非就把老师还没有发下去的作业，私自抽出来，拿回家给妈妈看。老师查作业没有他的，就找他妈妈，才得知这个情况。我在提醒非非妈妈应该相信孩子鼓励孩子的同时，也在反思自己在鼓励、肯定非非方面做得不当之处。

我们交谈了将近一节课，下课后，我让非非的妈妈等着，我去把非非叫出来，我领着非非往外走，他笑着说，老师我中午没有对我妈说书包的事，我去驿站了。他妈妈听见了说，你怎么又撒谎，你什么时候去驿站了？我什么时候说同意让老师给你买一个新书包了？非非说，那现在妈妈你知道了，你同意老师给我买新书包了吧！我想，我还真是被非非讹上了？他妈妈说："你书包上的粉笔能洗得掉，不用老师买新的。""可是我不喜欢那个书包"，非非说。原来如此，是因为不喜欢这个书包，就绕了个大圈子让我给他买一个新的吗？我问非非"你是因为书包洗不掉粉笔，还是因为不喜欢书包，才让老师给你买新的？"他说，是因为不喜欢书包。他妈妈说，不喜欢就用塑料袋，他竟然答应了。

第二天，我看到他依然在用那个书包，就问他，怎么没有用塑料袋，他说他爸不让用。我想起他妈妈说过的，他爸在学习方面不像妈妈逼得那样紧，所以他心里希望爸爸管他多一些，就对别人说，妈妈上班，爸爸不上班，每天接送他，给他做饭，辅导他写作业。

再上课时，当我想借用学生的书包时，他自告奋勇让我用他的，我笑着问他，再弄上粉笔，还让我赔吗？他也笑着说不用。因为我需要用一个黑白颜色的书包，就没有用他的，但我还是谢了他。

通过这件事，我似乎更近一步了解了非非，了解了他也有一个丰富多彩的心灵世界，虽然可能他的世界还不为多数人所接纳。我不想把他看作是一个爱撒谎的品行有问题的孩子，我宁可把他看作是一个有独特思维的孩子，我更不想把他看做是一个智商有问题的孩子，而宁可把他看做是一个有着小小的狡猾和思想的孩子。

我想，只要家长老师都付出我们真诚的关心关爱帮助，不放弃不抛弃，非非终究会有所改变。我坚信！我期待！

“傻子”的奇迹

二年级英语第七单元测试，出乎意料的，卓竟然考了 94 分。这是我从来不敢奢望的，因为不论是他曾经的还是现在的数学语文老师对他的评价都是弱智，考试成绩都是个位数。班里的孩子都叫他“傻子”。我之所以开始就没有对他置之不理，只是出于一个教师的良心，成绩不行就不行吧，但将来总要在社会上做人，起码得给他点自信心吧。

他的座位总是在换，有时在讲桌旁边，有时在最后的一桌，因为他不仅自己不好好听讲，还影响旁边的同学听讲。我发现，他在讲桌旁边时，虽然偶尔回头招惹后边的同学，但大部分时间还是能听进去的，可在最后边的时候，他就只是一人玩，不听讲。于是，每当我上课时，发现他在最后一桌，就让他坐到前边来。有时上课。我让会读的同学到前边领读，他竟然也举手要求领读，我让他来，他竟然读得都对，我奖励他一枚小贴画，他是那么的开心。也许他从来都没有得到过奖励吧，可怜的孩子。

每次上课时，我都会让他读单词，有时他读对了，我就表扬他，读错了或不会读，我就教他直到他会读。期中考试，他只考了 20 多分，上次测试，他考了 50 多分，我奖励他一枚小贴画，表扬他有了进步。后来，我发现在我的课上，即使他不再到前边来，也能认真听讲了。

这次测试，班里的总体成绩并不好，全班 59 人中，100 分的只有三人，90 多分的不到 20 人，80 分以下的就有 20 多人，还有一人不及格。其实试卷并不太难，只要认真听讲，就能考到 90 多分。只是这个班是学校出名的乱班，不论是在一年级还是在二年级，大部分学生不会认真听讲，所以各科成绩都是最差的。这次卓能考到 90 多分，也没有什么可奇怪的，只是因为他认真听讲的缘故罢了，

可是当我在班上表扬卓并给他发小贴画时，一个女孩站起来说，卓考试的时候抄书。这个女孩平时看起来很沉默的样子，这次只考了 60 多分，没想到却有这样的举动。看来，成绩差有时真是和智商无关。二年级的英语测试，大部分都是听力，不会有时间翻书，翻书也不会找得到。这个女孩自己考不好，不找自己的原因，却出口就说别人作弊，更可气的是，别的同学也跟着随声附和。于是我问全班同学：

“谁看到卓看书了？”没想到几乎全班的同学都举手说看到了。我心里一阵悲哀，我们的教育就教出这样的一群孩子吗？

我问孩子们：“难道你们考得这么差的原因，就是因为一直在监视卓是不是在抄书，而忘记了自己应该答题吗？如果你抄书能考 90 多分的话，我也让你抄好吗？卓能考 90 多分，只是因为他认真听讲了。你们瞧不起卓，认为他不会考到 90 多分，考得比你们多，就认为人家作弊。可是，我作证，卓既没有抄书也没有抄别人的，人家就是自己答的。你不服，你也认真听讲，考过卓啊！考不过别人，就说别人作弊，真没出息，卓还瞧不起你们呢！”在我说这些话的时候，班里少有的安静，但愿他们能听进去我所说的话。

通过这件事，我也想了很多。低年级的老师责任重大，不要仅通过孩子的考试分数就断定孩子是弱智，从而影响其他孩子的正确判断和正确行为。退一步说，即使孩子真的是弱智，作为教师，也应该承担起自己该负的责任，不抛弃不放弃每一个孩子。因为孩子在我们的手里可能只是几十分之一或几百分之一，可他们却是一个家庭的百分之百，他们将来要走向社会，分数真的不是唯一的需要，一颗善良的自信的心才是他们最需要的。

文思，我想对你说（一）

受你写的作文“英语老师，我想对你说”的触动，文思，在这里我也想对你说，说说我对你的印象，说说我对你的感觉，说说我对你的期盼。

听说你的名字是在认识你之前。原因既是因为你的名字是四个字的，更是因为你是一个全校闻名的优秀学生。你刚升入三年级时，我恰好教你们班的英语。说实在的，你们班无论是学习还是纪律在年级中都是一个最差的班级。班里没有一个后门生（教师子女、有关系的子女），但我有决心有信心通过努力让班里的纪律有所好转，学习成绩有所提高。因为我们班毕竟还有几个像你这样优秀的学生，我想通过你们的良好表现来影响其他学生。你可能没有觉察到，其实从一开始我就对你密切关注着。我竟然发现虽然你的成绩很好，但是你的课上纪律并不好。你还记得有一次英语课上，当我警告过你们再随便说话就到后边罚站，而你和同桌依然说个不停时，我让你和同桌去后边站着。你的同桌很快去了后边，而你一动不动地站在课桌旁，我再次让你去后边，你依然一动不动，用倔强的眼神凝视着我。不知怎么回事，我的心里并没有因为你对我的违抗而生气，反而生出一股对你的欣赏。欣赏你对所谓权威的不顺从，欣赏你对自我的坚持，而这对一个人尤其是一个孩子是多么的难能可贵。其实我这么做就是让学生们看看老师对学习好的同学犯错并不姑息，而你可能从来都没有受过这种礼遇。这里先不说当时我们谁做得对与错，我只想说，我知道了你是一个不一般的孩子，我开始更加喜欢你，关注你。

我没有纠缠于这件事，你也开始很少在课上随便说话。你的成绩依然优秀，你的帮扶对象徐文琦成绩也有了提高，我也知道你们成了好朋友。好像事情没有什么问题，但我总觉得你的能力、你的潜力还没有充分发挥出来。

升入四年级，也许是我们的缘分未尽，我竟然阴差阳错地又教你们班。四年级的第一节课，我走进班里，看得出你和你的同学们对我还是蛮欢迎的。我们一如既往地上课下课，直到上学期末学校举行英语课本剧的比赛，让我见识了你出众的才华，让我对你更加钦佩不已。

首先应该感谢你的妈妈，是她先给我们打印了剧本。虽然最终我们没有用那个剧本，但我明白你之所以能全身心地投入到剧本的排练，和你妈妈的鼓励和支持是分不开的。你是那么的聪明，短短的几天，就把大段的台词全都背诵下来；你是那么积极地和同学一起参加排练，早来晚走；你的口语是那么的流利；你的语音、语调和编排的动作都是那么到位；你为了班级的荣誉，编排演练自己从没有跳过的舞蹈，穿上了自己从不穿的裙子参加表演。虽然我们因服装道具方面的不足，没有获得第一名，但在我的心目中，在有些英语老师的心目中，我们就是第一。而你既是“最佳表演奖”也是“最佳口语奖”。你真的表现太棒了！

我希望你能这么一直棒下去。可是这个学期开学以来，我惊诧地发现你上课自己不听讲还不停地和同桌说话，不举手回答任何问题。以前你不听讲时只是自己玩，我知道你都会，听着无趣，我就没有怎么管你。（我也觉得无奈，因为毕竟绝大多数同学不会，我得讲给他们听，所以就顾不上你了。）我还发现你对我提的任何要求不是无动于衷就是敷衍塞责。比如，你竟然不按时交练习册，你也不主动要求帮扶同学，你对我提的讲课带服装的要求不认真执行。尤其是这次讲课，你知道，我事先没有在班里进行一点演练，就是不想把你们当做讲课的道具，我有信心通过我精心设计的教学，让你们在不知不觉中轻松掌握知识。我也希望通过你们这几个优秀学生的展示表现出我们班的实力和水平。可是令人遗憾的是你的表现那么出人意外，根本没有起到一个组长的作用，甚至还不如一个一般同学。

事后，我反复思考你变化的原因，我判断你是对我有意见。于是我想到了那件事，如果你还记得那件事，就说明我的判断是正确的。

但我也不排除你的家里发生了什么事影响到你。于是我叫你的妈妈到学校来面谈。事先我也问你家里有没有什么事发生，你说姥爷病得很严重，但我判断这不是原因，即使你和姥爷感情很深。和你妈妈谈话时得知，上周你和班里最好的朋友王越扬闹了矛盾，到现在还不说话。(我也明白了为什么我在讲百花课时，王越扬也不在状态。) 可你不是从上周才开始这样的，我又判断这也不是真实的原因。

我又单独找到你，和你说起那件事。那是上学期期末考试前的事情。我留了一个作文写“My teacher”，本来我是告诉同学们应该怎么写的，意料之中的你没有按我说的去写，所以出了一些语法方面的错误。当时我的想法是给你纠正太多会伤害你的积极性，因为有的语法对现在四年级的学生有点深。就是当时告诉你，过后也会忘了。我问你是否记得这件事，你说记得。这就对了，事情的关键就在这里，你是因为此事，质疑我的英语水平和教学能力，对我不再信任。其实事后我也曾经想过这件事我做得对不对，但我还是低估了你的英语水平和思想深度。

我想对你说，老师的英语水平可能真不高，尤其是口语有时甚至可能还不如你。但我有决心有信心把你们每个人都教得越来越好。我也希望你能助我一臂之力，让我们班的英语跨上一个新的台阶。

和你谈完话后的第二天晚上，你妈妈给我打电话，说她看了你写的作文“英语老师，我想对你说”，特别感动。也许真是机缘巧合，正是在我和你妈妈和你谈话之后，语文老师留的作文题目恰好是“________，我想对你说”，于是你写下了“英语老师，我想对你说”。你妈妈说了好多你的事情，说你是一个孝顺重感情的孩子；是一个不爱打扮爱学习的孩子；是一个很有主见有思想的孩子；是一个知识面广能言善辩的孩子……也说了好多她在教育孩子方面的做法见解以及如何做人方面的看法，我觉得我们的看法大多都是不谋而合的。除了我不太了解你的能言善辩。其实之前，我和你妈妈已经有过几次交流，有的是在电话里，有的是面谈，当然都和你有关。我真切地体会到，你妈妈是一个非常优秀的女性，知书达理，智慧善良，这就不难想象，怎么会有你这么优秀的女儿了。

我要求你妈妈让你把作文给我看看，你妈妈说作文交上去了，明天发下来再给我。我也对你妈妈说了谈话后的第二天，你的良好表现，认真听讲，积极举手回答问题。当然也告诉她，我不可能总让你回答问题，只有最难的问题我才会让你来回答。你妈妈表示非常理解。

第二天，你把作文交给了我。说实话，看完后，我没有你妈妈所说的那么感动。但我理解你妈妈的感动，因为她和你爸爸对你的教育你全听进去了并且写了出来，天下父母最盼望的就是自己对孩子的教育能够有成果。而他们做到了，怎么能不欣喜感动呢？

看着你在作文中写的对英语老师说的话，其实是在转述你的父母教育你的话，我毫不怀疑你是真心接受了父母的教诲，但我觉得你并没有说出你对我的真实心声。于是我又约你谈话，主要就作文的问题，除了指出作文中的个别词语个别句子的不妥之处以及人称的问题，主要对作文的内容作了讨论。你在作文中写道："不能骄傲，不能自满，不能自以为是，比你聪明的大有人在。一直骄傲下去，止步不前，不就和退步没有差别了吗？自信和自满是不同的。认真听讲，会的就举手，听出不一样的感悟来，因为知识是举一反三的。"你说这是你父母教育你的话，也是你现在能理解的。我想对你说，其实你是有理由骄傲的，尤其是在英语学习方面。只是不要自满。我希望你以后真的能给同学做个好的榜样，因为其他同学都在看着你，作为一名优秀的学生，你能给他们施以影响，这影响既能是好的也能是坏的。你点头同意。

你在作文中还写道："既然是一个好学生，就应该在保证自己掌握知识的情况下，帮助其他同学，做好老师的小助手。"我非常高兴你能这么想，更期待你赶紧这么去做。

你还写道："通过交谈，深深体会到应该尊重师长和学会换位思考。体会到老师的不容易。每天精心备课，讲课，批改作业，自己还要吸取课外知识，而且还要时刻关心我们的进步和心理成长。我们应该有一颗感恩老师的心。老师对我们的付出，我们一生都不能忘记。"我告诉你，备课、讲课、批改作业，这是老师应该做的分内工作，不足以成为让学生尊重的理由，更不可能成为让学生一生不忘的原因。作文一定要写出自己的真心话，才能打动人。

你还写道："老师像蜡烛，燃烧了自己，照亮了别人。""老师像指路灯，像剪刀手"，我知道这是多少年来社会上的人们一直的说法，已经成为惯用语，很少有人质疑这个说法的准确性。我告诉你，我不想做蜡烛，为了照亮别人一小段时间，就牺牲自己。我只想做学生一段时间的陪伴者，和学生一同学习，一同收获，一同成长。

文思，我想对你说，其实老师也好家长也罢，他们都是凡人，都有这样那样的缺点和不足之处，但他们有一个共同点就是都希望自己的孩子自己的学生能够健康快乐地成长，好学上进，成为一个受周围人喜欢的人，将来成为一名对社会有用的人。我期待也坚信你会成为一个这样的人。

文思，我再对你说（二）

仔细读了你对我说的话，我确信你所说的都是真心话。本来应该在我看完后就和你交流的，可这几天事情太多，我觉得很累，就偷了个懒，一直拖到今天，你没有着急吧！

关于上学期判作文的事，我想对你道个歉，是我太小瞧你了。这件事也给了我一个教训：任何时候，做任何事情都不要自做聪明，不要自以为是，一定要实事求是。

很高兴你已经采取行动去帮助同学，相信用你的爱心和耐心，肯定会换来你意想不到的收获。更高兴你和王越扬又成为好朋友，你们之间团结互助，互相学习，不仅对你们自己的提高有利，而且对我们整个班级都有有益的影响。

谢谢你对我的评价，正直、诚实、讲信用是一个人做人的根本，在你眼里，我是这样的人，真的很欣慰。理解他人，是一个善良之人的所为，你说我是这样的人，真佩服你小小年纪就有这样的眼光。只是我知道自己做的还很不够，我会努力，尽量赶上你和同学们的要求。

你说我在同学们面前不够有威慑力，好像管不住这个班似的。也许你看到别的老师管班很严，学生们不敢有一点反抗。而我不是这样的，我是想让学生们在这个不太宽松的学习环境中尽量宽松一些，有更多的自由支配的时间自我发展。你没有发现，我从不下课拖堂吗？你没有发现我尽量不留或少留作业吗？但我不会对任何学生放任自流，你没有发现三年级时，我对李非（化名）的态度吗？虽然他一直表现得对我很有礼貌很亲切，但他对他妈妈说，最怕的是英语老师。

你说觉得我做事考虑不全面，是因为别的事情还是指这次讲百花课的事情？如果是指这次讲课的事情，我并不后悔选你们班，虽然因为各种原因，这次讲课有很多遗憾，但当堂检测有 20 来人得了满分，而且有的并不是平时优秀的学生，这说明他们认真听讲了，我也断定，他们由此尝到了甜头，以后一定会养成上课认真听讲的良好习惯。我觉得这比我上一次只是让别人听着舒服的课要有价值得多。

你说像你们这一代通情达理的人不太好找了，我不太明白你的意思，你是说，你们这一代都不太通情达理吗？也就是说，你是因为不太通情达理，所以讲课那天就不按老师要求做准备，上课时爱干什么就干什么吗？这话可是有问题，是你没有做好准备，不代表你的同学，更不代表你们这一代人。你还是好好想想怎么样才能“将功补过”吧！

我只记得你这学期上课特别爱和同桌说话，如果让我认为你是在提醒组员好好听讲，还真是有点让人难以接受。不管怎样，我还是相信你的诚意，相信你一定会成为一个让自己优秀也能带动别人优秀的人！我在期待着！

我为你难过

楠是四年级时从外地转过来的孩子，据说应该升五年级的，因为考试成绩太差就留级了。开始他的表现时好时坏，学习成绩也时好时坏。但我发现他是一个聪明的孩子，只要认真努力学习，成绩会很快回升。但他上课总是一副懒洋洋的样子，作业很少认真完成，偶尔写了书写得也很乱，有时下午放学想留下他，可他总是跑掉。一次和班主任说了他的情况，班主任打电话给他的家长，一会儿，他的爸爸来了，进来就揪住他的儿子，骂骂咧咧的要打他。班主任把他拉开，又和他说了好半天，原来是中午就喝多了。一会儿，班主任有事离开，他大概又想起了这茬，又想冲进教室打儿子，我上前阻拦，他竟然使劲抓着我的胳膊不放，我几次要他放开又使劲挣脱，他才放手。

班主任又给楠的妈妈打电话，让她过来，又把他的爸爸劝走。他妈妈来了以后我和她说了楠的情况。他的妈妈倒是一个通情达理的人，对她老公的无理表示了道歉，说明家里情况：当爸爸的极爱喝酒，动不动就打孩子，但从来不管孩子的教育和学习。有时她一忙就顾不上管孩子，可孩子一不管就不好好的。我让楠体谅一下妈妈的辛苦，别再让妈妈操心了。他似乎也受了触动，答应得很好，从那以后也好了一阵子。可是后来发生的事情让我始料不及。

六一儿童节和星期天连起来放三天假，我们留了一份假期作业。估计优秀的同学有十几分钟就能做完，差点的同学有半小时也差不多。开学后上课前我查作业，坐在讲桌旁的他翻了一会儿书包说，作业落在家里了。我心里明了肯定是没有做，这是一些不爱写作业的孩子经常的拙劣借口。我不动声色说那就下午拿来吧。他说中午去驿站，我说那就下午放学后补吧。下午放学后，我去教室，同学们正排队准备放学，他拿着一张作业给我，说他的作业找着了。我接过来一看，这不是新的作业吗，因为新的英语书写特别有特点，非常流利成熟。而且我也了解楠的字体根本不是这个样子，虽然在姓名一处写着楠，可明显是后来改过的。起初我怀疑是新和楠联合起来骗我，因为新以前也不爱写作业，这次却破天荒地认真完成了作业，所以上午主动积极的给我看了，因此我对这张作业印象犹深。我马上找到新，让他把作业拿出来，他找了半天说找不到了。我拿着那张作业问他这是你的吗？他接过去一看就大叫，啊，楠你怎么拿我的作业当你的呀。我一看明白了新并不知情，是楠偷偷拿的。

令我吃惊并气愤的是楠竟然还不认账，百般狡辩，什么几号铅笔写的，什么就是他写的。两个人你来我往，互不相让。我让新先回家，又让楠到我办公室。我对他说，告诉我你是让你爸来还是让你妈来。他说老师我错了，我以后一定改，别叫家长来了。看到他声泪俱下的样子，我的心差一点就软了。可当我听到他又说作业写了忘在家里的话后，我心想不能心软，心软就是害他。我说我只是给你一个选择的机会是叫你爸还是你妈，因为我知道你爸打你，所以让你选择一下。你要不选，我就做决定了，你爸来了打你可别怪我。他看拖不过去了，就说让我妈来吧。我让他告诉我他妈的电话。我打电话给他妈，正好她在校门口，我让他进来找我。然后我俩单独交换了意见，得知楠根本就没有做英语作业，因为他的妈妈看到他没有写英语作业还纳闷老师放三天假都不留作业就问他，他说没有英语作业。

我把楠叫出来，他妈妈恨铁不成钢地数落他。我心里说不出的滋味，怎么会这样啊，是什么原因造成这个孩子如此的撒谎而不知羞？我为她的妈妈而难过，也为楠而难过，毕竟他只是一个小学四年级的孩子。我对他说，老师为你的做法感到生气难过，你是孩子，老师允许你犯错，因为大人还犯错呢，犯了错误，承认了然后改了就行，可你却用一个更大的错误撒谎来掩盖之前的错误，而且还不止一个谎，你真是太让老师失望了。他说，老师我错了，以后一定不这样做了。那你打算怎么做呢？我以后一定好好写作业。还有呢？上课认真听讲。还有呢？以后不撒谎了。老师就相信你这次，今天回家先把假期作业补上。我又给了他一张假期作业。他妈妈一个劲地说给老师添麻烦了，谢谢老师。我知道作为家长、作为母亲因为有这样的孩子，她的心里该是多么的痛楚、焦急、无奈。我说，相信你的儿子，以后会越来越懂事的。我又问楠，爱妈妈吗？他点头，我说，那就不要再让妈妈为你操心了，好吗？他点头。

我发现，此后的日子，他真的做得很好：上课认真听讲，积极举手回答问题；作业认真按时完成；成绩稳步提高。希望他越来越好！

我真的应该喜欢你

早在教你之前，就对你有所耳闻：上课回答问题特别积极主动，但上课比较散漫随便；英语的知识面比较广泛，但掌握得并不扎实；不论在任何场合都特别爱说，不管周围的人有什么反应……当然我也曾目睹过几次你在人群中的喧哗，也曾领略过你在课本剧中的排练表演，虽然你的口语很流利，但真的并不到位，无论是从语气上还是从感情上。

自从你成为我的学生，自然也成为我关注的焦点。因为你不想成为焦点都难。你上课依然回答问题那么积极主动，有时你出色的回答甚至让我对你心生钦佩；你的英语成绩总是那么优异，让我不得不总是表扬你；你的作业总是做得又快又好；你总能成为在课堂上率先举手要求背诵课文的学生之一……你的知识面真的是很广泛，不仅仅是英语方面的，这可能是你喜欢读书的缘故；你真的有学习英语的天赋，那么大段的课文，你竟能很快流利地背诵下来。

可是你也依然上课比较随便，有时在我讲课时随便插话，惹得同学一片笑声；有时故意招惹周围同学，影响其他同学听讲。我曾经个别找你谈话，你说你有时是管不住自己，也有时是故意想引起其他同学注意自己。你说你以为这么做，会让同学喜欢自己。我说，你这样做不但不会让同学们尊重你、喜欢你，反而会让他们看轻你。我希望你能充分利用自己学习上的天赋，在帮助同学的同时，完善自己。你答应了。我发现，随后有一段时间，你的上课表现真的很好。

有一次，我在讲桌上发现你给班主任写的一篇检查。大意是你说了什么反动的话，保证以后再也不说了。我问你说过什么反动的话，你告诉了我。原来是我并不知晓的网络段子，内容真的足够“反动”。但从你的语气、表情上看，并没有一丝认识错误后的痛悔。也不怪你，你哪能明白你所说的话，如果放在那个年代，后果是多么的严重。我也明白，在今天的社会环境里，对你解释清楚这件事情，是多么的困难，而让你写一份检查的做法，又是多么的粗放简单，你一定会说“我错了”，但并不明白，错在哪里。所以，你还会一直犯错。

那次班主任说起你，说你对你的家长说，班主任（数学老师）和语文老师，从来没有表扬过你，他们仿佛就是为批评你而生的。我听了心里真是又好笑又无奈。这可能都是源于你上课时的随便吧。记得有几天，你上课时表现得非常好，我对班主任说了，没想到她竟然说“你知道他为什么表现得好吗？那是因为我在后面坐着呢”！我说“有时你没有在后面，他也很好啊”，她说“那是因为，他以为我在后面坐着”。当时，我真的不以为然，可是随后发生的事情，你让我非常失望。

那是一节英语课，上课铃响了，班主任在后面坐着。我发出上课的指令，同学们都站立起来，你竟然站起来后，径直走向在后面坐着的班主任，你好像是交给她一张作业什么的东西后，又想回到座位上来。我没有允许，我让你站在后面，整整一节课。我不是没有心软过，但想到你竟然在班主任在场的情况下，还这么肆无忌惮，那么我只能用这种方法“警示”一下你，否则，以后怎么管其他同学。

下课后，我让你回到座位上。我对你说起以前我和班主任表扬你的话，我问你：“你知道班主任是怎么说的吗？”你毫不犹豫地说：“那是因为我在后面坐着呢。”我简直惊呆了，你怎么这么了解你的班主任，还是她已经向你说过我和她之间的这段对话。我还有些疑虑，既然你这么怕班主任，为什么已经上课了，你还敢去后面找班主任。我问你：“班主任说的对吗？”你似乎有些委屈的样子：“当然不对。”我想，难道你刚上课时的表现，就是为了表明你不是因为怕班主任，才那么做的吗？

你也许就是一个很正常的孩子，是我们大人的思维有了问题。我们太爱用我们自己的一些条条框框，去判定你们这些活生生的正在成长中的孩子。你不是主动要求帮助学习困难的同学学习英语吗？你不是把你的课外辅导班的学习成果，当做是送给我的圣诞节礼物吗？你不是对你妈妈说，英语老师是喜欢你的吗？是的，老师知道，你其实就是一个单纯、率性的孩子，一个热爱学习但自制力较差的孩子，一个有很多优点也有缺点的孩子。老师应该也必须喜欢你。

幸福的短暂相处

今天学校召开运动会。因为班主任要负责本班学生的比赛事宜，大多数时间不在本班学生的参观队伍里，因此安排非班主任教师去各班协助班主任组织管理学生。我被分配到一—6 班。早就听说这个班里的学生不太好管，但因为带了一颗宽容、理解的心，去和孩子们相处，短短的两个多小时，竟然不知不觉喜欢上了这帮孩子。看得出，他们也喜欢我。现将几个场景做一回放，和大家共享。

镜头一：孩子们参加完入场式回到指定的地点后，我已经在那里等着他们。可想而知，他们坐到座位上后，说话的说话，喝水的喝水，场面较乱，但我并没有板起脸来训斥他们，要求他们怎样怎样，而是微笑着看了他们一会儿，发现其中一个小男孩做得特别好。他一直手背后，一动不动地坐在凳子上，既不说话，也不喝水。我趁机表扬这个孩子，周围的孩子听到后，立刻也手背后，一动不动地坐好。

镜头二：观看运动会进行的过程中，一个孩子突然问我："老师你多大了?"我说："你猜。"他说："四十?"我笑而不语。旁边的孩子一个接一个地说"35?""36?"……我心里欢喜却不敢太表现。只好说："在国外，询问女人的年龄是不礼貌的，因为这是秘密。"他们才不再问下去。

镜头三：一个男孩儿看到班主任老师叫走了很多孩子去参加障碍跑的比赛。就问我听没听到他的名字。我并不知道他叫什么名字。就问他："你跑的快吗?"他说："挺快的。"我就让他去比赛场地问问班主任老师。他去了一会儿后回来，眼圈红红的，说是没有他。看他非常失落的样子，我安慰他，“你跑的虽然快，但还得钻圈子，你个子高，就会钻的慢。以后有单纯赛跑的项目，老师肯定会让你去。”他这才慢慢平复下来。

镜头四：一个小女孩走到我跟前问我：“老师你能猜出我课外在练习什么吗?”我看她娇小玲珑可爱的样子，就说：“你是练习舞蹈的吧。”她自豪的点头：“是的，我们还经常去参加演出呢。”我鼓励她说：“你真了不起！相信你在其他方面也会做得特别棒。”她点点头，坐回到她的座位。

镜头五：一个小男孩看我用别的孩子的跳绳练习后，回到座位。就主动把他的跳绳拿给我，让我去练习。我谢过他，说不想跳了。他又拿出他的课程表给我看。“真是一个爱学习又懂事的好孩子——”我这样表扬他。

镜头六：那个一开始被我表扬的小男孩，自始至终都是手背后，不说话，一动不动地坐着。看着既令人感动又令人心疼。我走到他旁边，问他：“你在课外学什么呢?”他说：“学习电子琴呢。”我说：“你肯定电子琴弹得特别好吧。”他说：“不太好，我刚学了几天。”我说：“你将来肯定会弹得特别好。因为你是一个特别有毅力的孩子。老师都特别佩服你，也特别喜欢你。”他显得特别羞涩的样子，低下了头。

其实有很多的时候，不是孩子们有问题，是我们教师自己的心态有问题。如果我们从一开始就抱着一种这些都是好孩子的心态，用一颗包容、接纳、理解的爱心对待他们，他们一定会给我们一个又一个的惊喜和感动。

原来你也很可爱

刚教二—2 班英语课时，发现讲桌旁边坐着一个小男孩，不会好好坐着，一会儿把脸扭到后边，招惹同学说话，一会儿钻到桌子底下，不知在鼓捣什么，一会儿又下桌拿同学的东西，同学告状声一片，一会儿又干脆坐到地下，自顾自地玩耍。你说他管他，他不是冲你一笑，然后依然照旧，就是不屑一顾，置若罔闻。但我发现他却是一个聪明的孩子，一旦听讲都能记住。因为上课叫他回答问题，他都能答对。据说他是这个学期从外校转过来的，在那里就是这个样子。对他的特殊表现，我真是百思不得其解，焦急而又无奈。

一天下午上班的路上，我正专心在车流滚滚的马路上骑车，忽然听见耳旁穿过“英语老师好”的声音，循声一望，便看见他坐在一辆自行车的后座上，一边急急忙忙地摘掉头上捂得严严实实的帽子，一边向我问好。我心里不由深深触动了一下，这样有礼貌的样子怎么会和在课上的表现大相径庭呢?

以后在上课的时候，我有意忽略他的课上不良表现，只有在不经意的时候提醒他一下，发现他能马上改过来，只是一会儿又犯。但这就是进步啊！一次我去上课时，语文老师在教室，也许是语文课上他没有好好坐着听讲，惹得她很生气，也许只是想吓唬他，见我进去就说，“一会儿上课时，他再不好好的，就把他从窗户扔出去”，我看见他的脸上竟然出现了然一切的微笑。我顺势说道：“然在英语课上听讲可认真了，老师讲的都能记住。”语文老师说“那行，以后语文课就去找英语老师上英语吧，不要再上语文课了。”这节英语课，他竟然上得比以往哪节课都好。

也许，他已经习惯了老师的批评，形成了逆反心理，其实他的心里还是想让老师重视他，接受他。为人师者所要做的，就是相信他是个好孩子，就是耐心等待他的进步！

可是不知什么原因，他后来上课竟然越来越放肆了。在课桌上不停地折叠纸飞机，然后向后面的同学发射，班里一片告状的声音。我强忍住自己的怒气，小声对他说：“如果从现在起，你能坐在凳子上不动，听讲十分钟，你想要什么样的奖励，老师都满足你。”其实我并没有报什么幻想，可是奇迹却发生了，他竟然安静地坐着听讲，一直到下课。下课铃响了，我表扬了他，并奖励他一枚小贴画。然后又问他想要什么样的奖励，没想到他说想要一块钱。看着他一反常态、老实认真的样子，又看着他眼睛里流露出的那种令人心疼的渴盼，我问他要钱买什么，老师给他买。他说买玩的东西，想在他家附近的超市自己买。我说老师答应你的事就一定会兑现，但现在老师没有零钱。明天老师给你钱，你能告诉我你妈妈的电话号码吗？他说不知道妈妈的号码。我确信这么聪明的孩子不会记不住妈妈的号码，他可能是怕我向他妈妈说他要钱的事。我说，我不会向你妈妈说你要钱的事，我只是想告诉你妈妈你现在听讲认真了，让你妈妈高兴高兴。可是他依然说，他真不记得妈妈的号码。其实我通过别的办法都能搞到他妈妈的号码，可我就想让他自己亲自告诉我，因为这关系到一个一直被冷落不被信任也不信任他人的孩子，是否能打开信任他人的心灵之门。我说你今天回家帮我打听一下你妈妈的号码，记下来，明天告诉我好吗？他说行。

第二天早自习时间，我到班里找他，其他孩子都来了，就他没在。

一会儿，他进来了，我把他叫到外面，掏出一块钱给他后，问他，你不会以后上课不想要一块钱时就不听讲吧，他说不会，我说希望你以后做个守信用的好孩子，不管是英语课，还是其他的课，都好好听讲。另外我还嘱咐他，以后不要随便向别人要钱要东西，那样会让人瞧不起。当然向老师要不算，老师知道你是喜欢老师，把老师当做了亲人，老师也很喜欢你，以后有什么困难就找老师，老师一定会帮你。他显得很高兴的样子，可当我问他妈妈的号码时，他还是说没记住，说他真忘了。他还问我，他妈妈昨天来过学校，我没有见过吗？其实之前语文老师告诉我，昨天他妈妈是来过学校，也说过他的儿子知道他的号码。我说没有见过他的妈妈。他是担心我告状吗？我告诉他，我不会把他向我要钱的事，告诉任何人，包括他妈妈、班主任和语文老师。其实他还真的只是个孩子，他对我还不够充分信任，但我会耐心的等待。

不管怎样，以后再上课时，他和以前判若两人。上课铃响了，别的孩子还在说话吵闹，可他已经端端正正地坐好了。偶尔上课期间做点小动作，看到我期待的眼神后，会马上做好。

也许，以后他还会有反复，但我坚信，只要教师始终怀着一颗期待、信任、包容、理解的心对待他，他一定会越来越可爱。

教学篇

教学的本质是什么

——听张老师课后的思考

作为全国小学英语教学大赛一等奖获得者，张老师的个人教学魅力、教学能力、教学水平是无容置疑的。她在课堂上富有亲和力的笑脸，抑扬顿挫和充满感染力的语音语调，熟练的英语教学口语，大量多媒体课件的制作和熟练运用，课前精心充分的准备，设计新颖环环紧扣的教学环节等，都让我望尘莫及，推崇不已。关于这节课的优点或成功之处，老师们都已经说了很多，我不想再做重复。这里想依据新的教育理念分析这节课的不妥之处，和张老师商榷。

教学的本质是什么？顾名思义，教学应以学生为本，教师的教学设计应该站在学生的立场，为学生考虑，学生在课堂上的生存状态应该被教师关注。他们被尊重了吗？他们被注意了吗？他们幸福吗？他们有收获吗？他们对未知的东西还保持着强烈的好奇心和求知欲吗？

这节课给我的感觉是教师太注重自己怎样教，而忽略了学生怎样学。

首先，教师课上所说的英语教学用语，虽然能彰显教师深厚的教学功底，但学生听懂了吗？显然大多数学生是不懂的。公开课不是教师的才艺展示课，如何根据学生的现有基础，让学生接受新知识，再产生探究兴趣才是教学的真谛。

其次，这节课张老师注重了从学生的兴趣出发，选择了孩子们喜闻乐见的视频《喜羊羊和灰太狼》作为本课的主线贯穿其中。但我有点担心，如此依赖多媒体，万一停电了怎么办？

还有就是教师虽然注重了对学生低碳生活的渗透，但效果并不明显。教师如果结合现在我国气候春季寒冷、南方下雪、北方沙尘暴等反常气候，对学生进行环保教育，可能效果更好些。

以上是我听课后的一些浅陋思考，虽有班门弄斧、关公面前耍大刀之嫌，但看在勇气可嘉的份上，请各位同仁指正，共同探讨，共同提高。

学生不是演出的道具
——百花课后的思考

前不久，我校举行了一次以“建构课堂模式，追求高效教学”为题的英语百花课比赛。比赛进行 3 天，每天 4 节课，12 位英语教师通过抽签决定比赛时间。学校还邀请了教育局教研室主管中学和小学英语的两位教研员来做评委。可见学校对这次活动有多么的重视。

说实在的，我一直对学校推行的什么“以教师为主导，以学生为主体，以活动为主线”的“三为主”的英语教学模式有些疑惑。一是觉得它太笼统；二是觉得英语教学不应该有一定的模式。因为年级不同，教材内容不同，学生水平不同。

我对学校推行英语课堂高效教学举双手赞成。我一直希望孩子们能够在课堂上幸福快乐地学习，在不知不觉中习得知识，而不希望教师通过用大量的机械重复性作业压榨学生，让学生失去学习的兴趣。所以这次比赛我对自己所执教的 PEP 小学三年级英语下册第四单元 A

部分的“Let’s talk”和“Let’s learn”内容，站在学生的角度，进行思考，进而精心设计教学过程。

在这节课中，我没有按照讲公开课的惯例，把采用分组比赛加分、给表现好的学生不停发奖、歌谣、大量的课件等形式纳入课堂，而是根据教学内容和学生的心理特点，以实物（水果）教学为主，并且为了让学生在不知不觉中掌握本课的重点句型，突破难点句型，我设计了一个评选“水果大王”的活动。整堂课上，我能感受得到孩子们学习的热情，虽然课前我不曾透露一点学习内容（只是让学生准备本课的水果图片），虽然课上我依然不放过每一个学生，尤其是差生（会耽误教学时间），但我却由衷地享受到了教育教学的幸福和快乐，同样我知道我的孩子们也享受到了。这就足矣。

感谢我的同行，她们对这节课给予了大力的支持和鼓励。在学校的教学论坛上，在我发的这篇教学设计后面，多数英语教师对这节课给予了肯定和谬赞。谢谢你们的理解！谢谢你们的支持！谢谢你们的鼓励！

诚然，我们的所有英语教师都为这节课付出了很多的心血和努力，她们在教学水平上肯定都有不同程度的提高。但我也不无遗憾地发现：有的课堂上，教师满面笑容，和蔼可亲，讲得津津有味，整个课堂过程堪称流畅完美，但大多数学生的思维处于沉睡状态，只有几个学生在配合教师的表演；有的课堂上，学生的表现非常精彩，但因为事先没有足够的铺垫和练习过程，让人觉得突兀意外；有的课堂上，学生回答完某个问题后，就忙于到讲台前领取教师放在那里的奖品，或是图片，或是小贴人，再没有心思听下面的内容；有的课堂上，课件的制作没有意义，为课件而课件；也有的课太依赖于课件，让人担心，如果一旦停电，这课该如何上……

不管比赛的结果如何，我在这里想提个建议：公开课也好，比赛课也罢，不应该把学生当做演出的道具，而应该把他们当做一个个真实的生命来交流。课是给学生上的，这节课是不是好课，学生才是最有发言权的，所以应该在课后给每位学生发一张反馈纸，最少有两个问题：1. 你喜欢这节课吗？2. 你在这节课上学到了什么？如果绝大多数学生或者所有学生都说喜欢并且都学到了一定的知识，那才能说这是一节好课。

公开课应该如何上

星期五上午第一节，听了一名外校的老师在我们班试讲的一节课。讲课的内容是五年级下册第四单元“What are you doing?”的第一课时。这节课的试讲，是为她讲区级公开课做准备的。

这是一位漂亮的年轻女教师，言谈话语间充满着激情与自信。据说她讲的课曾获得过市级公开课一等奖。怀着无比期待的心情来听这节课，但结果并不尽如人意。

整节课似乎教师一直充满激情，也似乎一直有学生在呼应教师。表面看来，似乎这节课上得还挺成功。但从学生掌握知识的角度，我认为这不能算是成功的课，因为我能感觉得到，我的学生们对这节课的内容很难有什么新的收获。理由如下：

我感觉对这节课教师既没有充分地备教材，也没有备学生。所以导致不能把握这节课的重点和难点。整节课似乎师生互动较多，其实总是那几个优秀的孩子。那是几个教师不用怎么教就会的孩子。其实这节课的重点就是句型 What are you doing? I'm ______ ing.和五个动词短语。而这五个短语在五年级上册都已经学过，这次学的只是在动词后加上 ing 而已。

可是教师自己不仅那么费力地导入短语，而且对句型的练习很不到位。无论是在师生练习说的时候，还是教师打出板书的时候。比如，教师在台上边做动作边问学生：What am I doing? 有的学生回答 I'm ______ ing. 有的学生直接用短语回答，而教师并没有给予纠正。尤其是教师在幻灯片中竟然打出 What is Miss Li doing? I'm ______ ing.这样回答错误的句型，说明教师对教材知识根本没有进行充分的了解。

另外我们一直在教导学生书写英文句子开头第一个字母要大写，可是教师的板书中 w 大小写不分。还有整个板书中 ing 较多，g 是我们一直要求学生书写时占中下格的，可是教师写得明显看起来是占上中下格的 g，看起来是那么的别扭。

果然第三节去上英语课时，我让学生谈谈上第一节英语课的真实感受。全班只有四个孩子发言，其中两个是学习优秀的孩子。一个孩子说，老师上课很有激情，和学生有很多的互动。这个孩子的妈妈是高中的英语教师，也许是从他妈妈哪里学来的听课术语。不过他说的真挺对的。我对学生表达了我的歉意，因为我在这方面的欠缺。另一孩子说老师讲课大多都用的英语。这似乎是我们讲公开课的惯例，而不是平时上课的常态，所以我未加评论。还有一个孩子说老师的课准备得很充分，“真是有心的孩子”。我这样表扬他。当我又问“这节课你们学到了什么知识?”时，只有一个孩子站起来说，学到了“打电话”是 answer the phone，我告诉他，这不是“打电话”，而是“接电话”。再问，没有一个孩子举手，都是一脸的茫然，包括那些在上课时曾经表现很积极的孩子。

我想为什么会出现这种情况，主要原因就是教师在设计教学时，只是站在自己的立场，想着怎么设计，怎样出彩，把学生当做自己演出的道具，而没有站在孩子的角度，设计教学，想着怎样做，才能够让孩子们在发展思维的基础上，轻松快乐的掌握本课的重点难点知识。当然，教师在平时的讲课中肯定不会这么讲，那么公开课为什么就不能在展示自己的才华之时，也扎扎实实的教孩子们一些知识呢？

高效课堂，让生命在场

我对于小学英语高效课堂的定义是：我的学生回家以后不需要花太多时间背单词和课文，这一切，都应该由我在课堂上指导他们完成。

五年级上册第一单元的内容是“My new teachers”，在教学设计中，我打破教材顺序，站在学生的角度，设计教学过程，先把描写人外貌特征和性格特点的词，以成对反义词的形式出现。比如：tall—short old—young strong—thin kind—strict quiet—active 看似单词很多，其实大部分四年级已经学过，真正的生词并没有多少，在读音的过程中指导学生根据读音记忆单词的拼写，最后再加上一个单词funny。生词解决后，再引入句子，因为教材内容的编排非常切合实际，所以我这样导入：“I am your English teacher. Who's your math teacher?”学生回答：“Miss Lv.”我一边板书一边又问：“What's she like?”学生不太懂这句话的意思，于是，我又问：“Is she young?”学生回答：“No, she's old.”我接着问：“Is she short?”学生回答：“No, she's tall.”于是我在板书“What's she like?”后面写下：“She's tall and old.”

学生一看就明白了问句的意思。我又进一步说明，回答这个问句，还可以用表示性格的词语，当我又问“What's your math teacher like?”时，有学生回答：“She's funny.”也有的回答：“She's very strict.”此时，我知道，学生们已经真正在学习有用的英语，他们的思维和兴趣已经被激发。趁热打铁，又对其他的任课教师进行同样的问答训练，先是师生之间，然后生生之间，最后是小组之间。

在此基础上，再去朗读背诵 Let's talk 真的是水到渠成，就算最差的学生也能够背诵出来。我又趁热打铁，引导学生背诵 Read and write。给学生短时间的准备后，我要求孩子们抬头看着我的口型，与我一起背诵。在轻轻地诵读中，我看到大多数孩子都能当堂背诵。这就是我追求的理想境界，课文的背诵，应该由教师在课堂上辅导完成。

最后再指导学生口头作文 My ______ teacher，第一句先说，My ______ teacher is Miss ______. 然后根据板书内容说最少三句 She's

______. 最后再用 I like my ______ teacher. 结尾。在期中考试中，正好作文是写 My English teacher，虽然之前我们并没有复习到，但因为有了当初的课堂上有效扎实的训练，所以学生们的作文成绩还比较令人满意，除了十几个人减分在 1—2 分，一个 5 分全减外，其他同学都是满分。

学习第三单元“What’s your favourite food?”的内容时，有两个生词 sweet 和 salty，为了让学生能牢固地记住这两个词的读音、意思和拼写，我准备了白糖和咸盐两份东西。课堂上，我让自告奋勇的学生到前边品尝这两样东西，告诉他们，尝到甜的东西就微笑一下，说 sweet，尝到咸的东西就咧一下嘴说 salty，说对的学生奖励一块糖。学生争先恐后地到前边来，就连平时最差的学生也举手要求来，我让他来，他说的都对。就这样，学生印象深刻地掌握住这两个词的读音和意思，在此基础上，我再引导学生根据单词的读音和字母组合的规律，记忆单词的拼写，学生会觉得非常容易。所以我的课堂上经常出现这样的场面，刚刚学习完几个单词，有几个学生就举手要求检测，说他们都会了，我又让所有学生再做一下准备，试着检测了这节课要掌握的几个单词，大多数学生都能拼写了，他们回家不需要再花时间背单词了。这是我追求的理想境界，单词的记忆，应该由教师在课堂上帮助完成。

创造一个人性化的，生命化的课堂，让阳光普照到每个学生心灵深处，这不仅是我的期待，更是我努力的方向。

课堂要目中有人

——关于英语高效课堂的一点思考

新课程改革一段时间后，课堂教学普遍呈现形式主义现象，课堂上追求娱乐性、表演性，充斥着大量泡沫，严重降低了教学质量。在此背景下，有效课堂乃至高效课堂应运而生。不可否认，有些课堂为提高课堂的效率，在发挥学生主动学习和合作学习方面进行了不少有益的探索，积累了丰富的经验。比如，高效课堂提出的“轻负担，高质量”，出发点在于减轻学生的负担。但是当某些课堂被规定必须有几个环节，教师只能讲几分钟的“高效”成为一种新标准时，课堂教学又走向另一种极端。那样的“高效”所培养的仍然只可能是“工具”或“机器”，而不是人。

课堂教学当然要追求质量，这无可厚非。但前提是得把学生当做是在成长着的人，教师在解读教材时要站在学生的角度，在设计课堂教学时要考虑到孩子们的需求，要让孩子们始终保持对学习的兴趣和热情，因为教育的作用常常发生在未来。

我现在所教的四年级的两个班，是我从三年级时开始带的。其中的四—4 班在三年级时，不仅在我所教的三个班中一直是倒数第一的位置，就是在整个三年级也经常是倒数第一，偶尔倒数第二。到了四年级，更是稳居倒数第一的“宝座”，有时甚至被第一的落 10 分之多，但那是四年级上学期的事情。这个学期，四—4 班的成绩有明显提升，不仅大大缩小了和其他班的差距，而且偶尔还能到倒数第二的位置。

分析原因，除了领导的大力支持和鼓励，班主任的精诚配合，我在课堂教学中所采用的一些做法也是功不可没的。

一、站在学生的角度设计教学

为了能让学生在课上轻松掌握所学知识，我总是力求在备课时站在学生的角度。比如 Unit3 学习服装的单词，我不是随便领读教学五个单词，而是有意按这样的顺序教学单词 T-shirt shirt skirt dress sweater，并且在教学的过程中有效地利用实物。第一个词 T 恤衫，先让学生根据语音规律知道 ir 的读音后，能够很快地读出整个单词的读音，并在此基础上记住单词的拼写，还能根据前面的字母 T 记住单词的意思。解决了第一个单词，第二个单词衬衫当然就迎刃而解了，只需去掉 T 而已。第三个单词短裙只需让学生观察它和衬衫只差一个字母，学生自然知道了把衬衫中的 h 换成 k，就变成了短裙。短裙之后当然是长裙也就是连衣裙 dress 了，这样很容易能记住 dress 的意思。记它的读音需要联系以前学过的单词 driver drink，让学生通过拼读单词，自己得出 dr 的读音，这样印象会非常深刻，也能很快记住单词的拼写。前面的四个单词都是四会单词，这样通过课堂教学学生差不多都能在课上掌握。最后是单词毛衣 sweater，学生只需把字母组合 ea 的读音记住就可以记住单词的读音，而 ea 的读音通常有两种情况，通过让学生比较以前所学过的单词 bread 中 ea 的读音，从而记住 sweater 的读音。这样学生就能在课堂上轻松地掌握住了所学单词的读音、意思和拼写，极大地提高了课堂效率。

二、寓句型教学于情景对话之中

在新授句型时，我总是创设情境，先和优生对话，进行几组练习让学生熟悉后，再让学生自由分组对话练习，然后让学生展示。如果举手的学生中有学困生，我会让其优先发言。还是以第三单元为例，在教完每个单词后，我都会举着衣服实物问学生，Is this a ______? 让学生根据实际情况回答 Yes，it is. 或者 No，it isn’t. 既让学生强化理解单词的意思，又在不知不觉中学习了新的句型。在学习第五单元“How much?”的句型时，我先在黑板上画出几件衣服，有裙子、牛仔裤、T 恤衫、短裤，并分别在下面标明价格。然后提问 How much is ______? How much are ______? 提醒学生用 It’s ______ yuan. 和 They’re ______ yuan. 回答。然后再问学生为什么老师要这样问。有的学生马上说出，是因为牛仔裤和短裤都是两条腿，要用复数，所以要用 are。教师顺势说明不仅是裤子，鞋袜类的单词也要用复数的形式。这样学生不仅轻松地掌握了新句型的用法，而且还为以后鞋类的学习奠定了基础。

三、以读带练，培养语感

英语作为一门语言学科，不应该开始就把知识肢解得支离破碎，应该让学生在理解、熟读、背诵的基础上去感知感悟，培养语感。这样做起题来就不会无从下手。虽然课堂上我一直想方设法让学生朗读背诵，但因时间有限，只是有少部分学生能够背诵。有部分学生朗读都成问题。我就利用每天午自习和星期三早自习的时间，让学生按座位的顺序轮流到前面领读，这样那些不会读的孩子也会因为该轮到他领读，而事先做功课。有时真有学生不会读，我会让他站在前边，认真听并跟着其他孩子领读，这样经过几轮后，再让他领读，一般都会读了。后来我惊喜地发现，绝大多数孩子都能在前边领读得很好，而且，在单元测试和其他考试中，连词成句的题目，我们虽然没有刻意练过，但孩子们答得都很不错。

总之，要想让孩子们喜欢英语学习，就得在课堂上把学生当做人，而不是识记单词句型的工具。要想提高课堂效率，教师就得站在学生的立场设计教学，让学生在轻松愉悦的氛围里不知不觉地掌握所学知识。

快乐的课堂

现在的我，备课和上课的宗旨是：让学生在快乐学习的同时，不知不觉掌握所学内容。即使领导要听课，我也绝不事先透露一点教学内容，更别说提前演练了。课件的制作，我也是视教学内容而定，能不做就不做，能少做绝不多做。

那天，领导告诉我第二天听我的课后，我只是让学生事先画六张要学的食物图片。我自己准备了长形和圆形的两种面包、粗的火腿、生菜、薯条、托盘和几张简单的幻灯片。那节课的教学内容是三年级第五单元 A 部分的“Let’s talk”，为了彻底扫清障碍，我先从学习单词入手，并对单词的学习顺序进行了精心安排，把 bread（面包）放在第一个出示，不仅因为这个词的读音较难，而且还能为下面词的出现做铺垫。我出示的是一个长形的面包，因为是第一个出示，又反复操练，学生的记忆无疑会很深刻。接着我又在这个面包里加入一片火腿，变成了 hot dog（热狗），又给学生讲了这个名称的有趣由来，学生想不记住都难。然后呢，我又拿出一个圆形的面包，在里面分别加上生菜和火腿，告诉学生，This is a hambueger. 学生真是馋涎欲滴呀！（课后，听课的老师告诉我，她旁边的学生不停地咽唾沫。）哪里还顾得上别的呀，只有快点记住这个好吃的东西叫什么了。当我又拿出印有 KFC 图案的一袋薯条时，学生不禁哇出声来。所以尽管 French fries 的读音很难，但在老师“谁先记住就给谁吃薯条”的诱惑下，孩子们怎么不兴致勃勃，快点记住呢！最后我分别出示的是chicken（鸡肉）和cake（蛋糕）的图片，我让学生自己对比这两个词的拼写，然后让学生根据读音规则试拼单词，学生怎能不跃跃欲试，一比高低呢！这样记住的单词读音又怎能轻易忘记呢！所以才有了以下精彩的结果：平时最差的学生都能在教师的引导下，把六种食物的单词都说对了；在男女生分组比赛“谁的记忆力最好”的环节，男生董益飞、女生刘子睿竟然能一点不差地按顺序重复前边五个学生说过的食物，赢得了听课领导和教师的一致赞叹！

扫清了单词障碍后，我手端装有各种食物的托盘走到学生中间，问“What do you like?”（你喜欢什么?）如果学生答“I like ______.”我就把这种食物或图片拿到学生嘴边说“Have some ______.”让学生猜have的意思，当有学生猜出是“吃”的意思时，我就在对这个学生进行表扬的同时告诉其他学生：have的意思很广泛，除了基本意思“有”，和不同的词搭配还有其他意思，比如“吃”、“喝”、上课的“上”、开会的“开”，等等。这样不仅巩固了所学知识，还拓展了学习内容。接着我又让学生两人一组，一边往彼此的嘴里送不同的实物图片，一边说“Have some ______.”这样在快乐的气氛中，学生不知不觉就掌握了这个既是重点也是难点的句型，然后再出示本课的教学内容，就会有水到渠成的效果。

事实也是如此。当我这样引入：Mike的朋友要请他和他的妹妹吃饭。他们会吃些什么呢？让我们去看看！然后出示幻灯片的对话内容，看对话，听录音。马上就有几个学生要求读。我先让学生三人一组练习对话，然后到前面展示，竟然有多一半的学生举手。遗憾的是，刚刚展示了两组，下课铃就响了。学生那个遗憾啊！我对学生说，你们表现得都特别棒！老师想奖励你们每个人吃肯德基，（学生欢呼）但是你们人太多，老师请不起。（一片嘘声）你们每组选一位表现最棒的同学做代表到前边来，好吗？开始没有人动，等到听课的老师都走后，意想不到的事情发生了。几乎所有的学生蜂拥而上，争抢食物。盛食物的托盘掉到了地下，我只看见了孩子们你压我，我压你，层层重叠的后背，心中又是好笑又是担心。他们听不见或顾不上我的任何声音。终于等到所有人都起来了，幸好都没事。我让学生都坐回自己的位置，假装生气地说："现在我请抢到东西的学生站起来。"竟然有20来人站了起来。我要求他们用英语告诉我抢到了什么食物，有十几个人说他们抢到了French fries，我心中暗笑，这个难读的词，他们都记住了；而且他们还挺有谦让的意识，大约每人一两根吧。其他学生有的说抢到了bread，有的说抢到了hot dog，有的说抢到了hamburger，王曼迪收获最大，她说抢到了hot dog和hambueger，真是一个泼辣能干的小姑娘！问到韩浩臻的时候，他说只抢到了菜叶，旁边的学生哄得一下都乐了。看他难为情的样子，我告诉他，那叫vegetable并让他跟着说，如果记住了，也是一点收获吧！

领导评课时，问我事先有没有渗透。我说，一点没有，绝对真实的课堂。她说，如果没有渗透，课堂效果真是不错。我就当是领导对我这节课的肯定吧！快乐课堂，师生都快乐！

快乐学习，不断成长

本学期在教学中，我能想学生之所想，尽力创造条件让每个学生都能快乐地学习，不断地成长。

在学习了有关月份和序数词的知识后，我告诉学生，每天上课前我都会提问三个问题：Whan day is it today? What's the date today? What's the weather like today? 这样的问题既贴近生活本身，又紧密联系书本，能带动学生兴趣盎然地在每节英语课前准备问题的答案。这样学生就能在不知不觉中复习掌握了有关星期、月份、序数词的词汇以及有关问答句的用法。

每天中午的午自习，我要求学生按照座位顺序轮流到台前领读所学过的单词和对话，不能遗漏任何一个学生。这样既锻炼了学生的自我表现能力，提高了自信心，又能督促那些学习不太好的学生。他们会在该轮到他们领读的时候，千方百计、想方设法地学会朗读自己所要领读的内容。当我看到那些一开始成绩较差的学生，能勇敢地站到台前并且朗读得越来越流利的时候，我的心里真的是充满了欣慰。而且我也惊喜地发现，他们的学习热情越来越高，从以前不爱写作业，书写特别潦草到现在能主动完成作业，字体明显比以前整齐漂亮。他们的学习成绩显然也越来越好。期末考试中，他们中的大多数都达到了 80 分以上，其中郭乐考了 91 分。

为了减轻学生的学习负担，提高学生学习英语的兴趣，我努力站在学生的角度设计教学，尽力让学生在课上掌握所学的单词和短语，会熟读背诵所学的 Let's talk 和 Read and write. 学习单词和短语时，除了顺序的安排由易到难且前后互有联系外，而且教给学生方法记忆单词的拼写，减轻学生课下死记硬背的负担。在对话的教学中，我会把其中的重点句子和难点句子通过一个场景的设计引出，然后通过师生之间、生生之间的练习，达到让学生熟练掌握的目的。这样再让学生自己去读文本，就会有手到擒来、轻松自如的感觉，再趁热打铁背诵对话，也就会有水到渠成的效果。在课上无论是记忆单词的拼写还是背诵对话，我都会参与其中，和学生一起记忆背诵，这也能促进学生记忆的积极性。

例如在学习第四单元“What are you doing?”A部分的Let's learn时，按照学生的认知规律，我按照以下顺序依次让短语出场：cooking dinner, doing the dishes, read a book, drawing pictures, answering the phone.这样的出场顺序除了考虑到单词拼写的难易度，还考虑到汉语意思的逻辑关系。cooking dinner第一个出场，是因为dinner已经学过，cook符合字母和字母组合的认读规律。我一直在课上要求学生根据字母和字母组合的读音规律记忆单词的拼写，从不让他们一个字母一个字母地去机械记忆单词，这样能够有效地把单词的读音和拼写结合起来记忆，不易遗忘。这几个短语的汉语意思依次是：做饭、刷碗、读书、画画、接电话，因为有其内在的逻辑联系，学生也容易记住。

在Let's talk的学习中，我把这些短语分别融入句型中去学习，效果很好。我先让学生问我：“What are you doing?”我边做动作边说：“I'm ______.”几个动作都做下来以后，我再让学生做动作，我问，学生答。最后再让学生两人一组互相问答。这样经过充分的练习，学生会对句型和短语掌握得非常扎实、牢固。

“让每个学生都能快乐地学习。”这是我的课堂理念。不追求课的华丽，不追求课的热闹，不追求流畅完美的课的流程。彼此愉悦的心情是前提，获得解决问题的能力是最大的收获。教师是否讲解得面面俱到不重要，教师表演的是否精彩更不重要，重要的是学生人人都有参与的机会，个个都有探究的欲望，学生都能从课堂上习得知识，提高能力。我衷心地希望我的学生们都能快乐地学习、健康地成长！

听课、评课后所想到的

今天上午第一节听了同事的一节课。课后领导让大家给出意见和建议。

这位同事是全国英语教学比赛一等奖获得者，当然也参加过无数的区级或市级的教学比赛并获奖。她的教学风格扎实稳健，教态亲切自然，所作的幻灯片总是令人耳目一新。所以有机会我总是愿意听一听她的课，以便从中汲取有用的东西充实到我的英语课堂。

这节课讲授的是六年级下册第二单元“What's the matter?”关于生病的内容，可是说实话，对这节课我挺失望的。因为给我的感觉是，课堂结构散乱，重点难点练习不到位，学生的思维没有得到开发，更没有拓展。听着领导和一些老师对这节课的评价以及给出的建议，大多是对某些教学环节的规范或对某些知识点的疑惑，比如在上课的开始环节唱歌时，学生应该怎么拍手，某身体部位有毛病时究竟用什么方式表达……对此，我并不以为然。我想，如果我来执教这节课，我会这样做：

一、取消唱歌的环节

这样做，一是因为这节课只有 30 分钟，这样可以腾出时间对主要的教学内容进行教学；二是这首歌对六年级学生来说太简单，想用《An aple a day keeps a doctor away》这首三年级时就学过的歌曲，达到调动学生激情的目的，似乎很难，想用这首歌曲去和本课的教学内容产生联系，似乎有点牵强也无必要。

二、在课堂上指导学生记忆单词

教师在课上教学生单词时，应该在听说的基础上，会认读单词，然后再根据单词的读音指导学生掌握单词的拼写，而不是让学生一个字母一个字母地去死记硬背。例如单词 sick 的记忆，既可以问问学生你是怎么记住这个单词的，也可以告诉学生 ck 是一个固定的字母组合，一般都在句尾，前面的元音字母都不读字母本身的音，而是读另外的音。(可让学生回忆一下以前学过的带有这个字母组合的单词，比如 clock、black、back 等）这样学生会很容易地记住 sick 的拼写，而不是机械地 s-i-c-k 地去记忆。

三、指导学生有效地操练句子

这节课句型的重点和难点是 sore 和 hurt 的用法。二者都是“疼痛”的意思，但 sore 是形容词，hurt 是动词。为了让学生在课上快速有效地掌握这两个词的用法，我会采取让学生变化句子的方法加深学生的记忆。比如 My leg hurts. 可以变成 My leg is sore. 或者 His nose is sore，可以变成 His nose hurts. 等等。还可以采取做游戏或分组比赛的方法，看谁变得快。

四、尊重学生的感受，让学生说有用的英语

优秀英语教师沈丽新在《英语可以这样教》一书中，针对有关疾病内容的教学，这样说过：“面对一个个健康的孩子，我要如何开口去问他们 What’s wrong with you? 或者请他们分别来扮演患有各种疾病的孩子，这符合孩子的心理吗？这是真实不虚的情感交流吗?”她说最后经过仔细研究教材，只是选取了课文中生病的主人公的图片，并一直用图片设置的情境来暗示孩子们，我们是跟病中的主人公对话，从而逐渐引出本单元中的重点句型。当然主人公不可能同时生 8 种病，于是她最后设置的情境是，主人公的同学一个个打电话问候她，不断地猜测她的病情，用这个猜测，引出表示疾病的 8 个词语。我们为什么不能像沈老师那样，努力给予孩子们一个真实不虚的情境，让孩子们学习有用的英语，生活化的英语，而不只是进行机械的句型操练呢？

我上心理课

今天是我的第一节心理课，作为一名英语教师，我该在心理课上给孩子们传达一些什么有用的东西，来更好地指导他们的学习和生活呢？根据现在的孩子们只听得进表扬，听不得批评，心理承受能力差的状况，我选择了从培养学生的心理承受能力下手，进行了我的第一节心理课教学。

我先给孩子们介绍了两个案例。

案例一：一名小学低年级学生，因长期完不成作业，受到老师批评，放学回家用红领巾把自己系在门柄上勒死。

案例二：学校某高年级学生头天下午放学后告诉老师有人欺负他，老师说“知道了”没当场解决，第二天该学生便在自家跳楼身亡。事后，家长、老师在日记中了解到，他是因常受别人欺负想不开而寻短见。

然后引导学生思考下列问题：

1. 两名学生的死会给家庭、社会带来什么？

2. 他们的死和哪些因素有关？

3. 两名自杀的学生都有一种怎样的心理？这种心理健康吗？

学生发言的人数并不是太多，但看得出他们都在认真思考。发言的学生都说到会让家长非常难过、痛苦。我顺势说道，不论我们是不是独生子女，我们在父母的心中都是不可替代的唯一，我们的离开会让他们遭受灭顶之灾，成为他们一辈子的噩梦，所以为了让爱我们的父母一辈子幸福，无论我们现在或将来遭受什么困难、委屈，我们都一定要珍爱自己的生命。

谈到给社会带来的影响，有的学生谈到，会让社会上有的人对老师产生误解，认为学生自杀是老师的责任，从而让老师不敢再管学生。

谈到自杀的学生都有一种什么心理，有的学生说心理太自卑，有的说不自信，有的说没有自尊心。我告诉学生，除了这些，还有就是，他们不能很好地适应周围的环境，缺乏调适自己的能力，就是心理不健康。我让学生到网上查找现代人心理健康的十大标准，努力让自己做一个心理健康的人。

接下来我让学生用下列情形对照自己：1. 当家长批评或责骂自己时，有怎样的表现？2. 当老师对你的态度有点冷漠时，有怎样的表现？3. 当你遇到其他方面的压力或困难时，你有怎样的表现？

苏圣杰说当妈妈批评得不对时，他会顶嘴，批评得对时，他会接受。我说，如果当你认为家长批评得不对时，你不顶嘴，而是先平静地接受，等妈妈消了气，再和妈妈解释，是不是更好呢？他微笑地点头。

李渤蒸说，有一次他从自己的储蓄罐里拿了一些钱，准备给妈妈买生日礼物，钱放在裤兜里还没有来得及花，让妈妈洗衣服的时候发现，以为他是在乱花钱，就狠狠地批评了他一顿，他当时非常委屈，但没有顶嘴，事后，他对妈妈做了解释，妈妈对她道了歉。我夸他真是一个懂事孝顺的好孩子。

谈到老师对你的态度有点冷漠，你有什么表现时，谷雨航说会很伤心。我问他，你做了什么事后，觉着老师对你态度冷漠？他说，自己一直学习好，就骄傲了，后来就没有考好，老师就对他有点冷漠。我说，不论你感觉老师对你的态度怎样，都要相信老师肯定是希望你变得越来越好，比如我们当中有的学生因为不听讲，不爱写作业，总挨老师批评，你是怎么对待的呢？你知道这是因为老师还对你抱有希望吗？我发现，有几个孩子不好意思地低下了头。

最后，我让自告奋勇的学生站到前面，其他学生从长相、穿衣、习惯、为人处世、学习、纪律等方面对他进行揭短。当然，我事先提醒孩子们，一定要本着希望这个学生越来越好的心理，充满善意地指出学生的缺点，不能用刻薄的语言。

苏圣杰首先勇敢地站到了前边，很多孩子对他上课爱说话、给别人起外号等缺点提出抗议。他竟然特别诚心地连续鞠躬对大家说“谢谢”，并表示以后一定改正。我表扬他：“小小年纪竟然有这么强的心理承受能力，将来肯定大有出息。”

李渤蒸也站到了前边，有的孩子说他学习认真，成绩优秀；有的孩子说他对人友爱，喜欢帮助同学。我嘴上夸他真是一个完美的好孩子，可是心里却在担心：这个孩子生活得快乐吗？因为他要顾及到家长、老师、同学方方面面的需要，他要做得令周围所有的人都对他满意，这会让他多么的累呀！孩子，你其实可以有一些小小的缺点，因为你除了是一个人，更是一个孩子！

心理课结束了，但我知道和孩子们心理的交流刚刚开始。

用心打造快乐高效课堂

自从三年前读了沈丽新的《英语可以这样教》之后，就深深地被这位同行的才情和智慧所打动。诚然，我既没有沈老师丰厚的学识和修养，也没有她的勤奋和执着。但我分明从此书中领悟到了沈老师心中有每个学生的教育教学观，找到了丰富的英语教学技巧和教学智慧。这能够使我从繁重的英语教学工作中也能时时享受到英语教学的幸福和快乐，还能在我一度内心迷茫，迷失自我时，及时找到正确的方向。

《英语可以这样教》一书，可以说点燃了我对英语教学的热情。因为我既有了努力前行的方向，也有了教学实践的榜样。为了让每个孩子都能成为热爱英语学习的天使，我努力站在孩子们的角度设计教学，尽量让孩子们在课上掌握所学知识，而不需要在课下去做大量的作业。为了让学生学得有趣，在学习单词时，我会根据每个单元的特点，让学生或者准备实物，或者准备图片。学生准备的过程就是预习的过程。我的任务则是精心设计准备，让孩子们在快乐兴奋的状态中不知不觉掌握所学内容。

还记得三年级时学习第五单元“食物”的内容，当时我自己准备了长形和圆形的两种面包、火腿肠、蔬菜以及一袋薯条。根据单词的难易和认知规律，我把 bread（面包）放在第一个讲授，既是因为这是一个发音较难的词，开始学有利于突破难点，也是因为它能自然而然地引出下面单词的学习：在面包里加上蔬菜和火腿肠就成了 hamburger（汉堡），在长面包里加上火腿肠就成了 hot dog（热狗），接着再拿出一袋印有 KFC 字样的薯条，学习 French fries，看着孩子们那兴奋的表情，专注的眼神，还有什么不能学会呢？然后再拿着薯条走到孩子们的中间，递到某个孩子的嘴边说："Have some French fries."还怕孩子们猜不出句子的意思吗？在学习饮料的内容时，我让学生准备各种饮料的包装，有的孩子还拿来了真正的牛奶、果汁和可乐。我把这些饮料连同我自己准备的茶水、白水放到讲台上，让学生主动到台前和老师对话："Can I have some ______?""Here you are."学生品尝后说"Thank you.""You are welcome."当越来越多的学生跃跃欲试时，我又及时地让学生和学生之间对话，既品尝了美味，又学习了实用的英文对话，孩子们是那样的兴奋，要学的知识就这样在不知不觉中掌握住了。

四年级 Unit3 学习服装的单词，我不是随便领读教学五个单词，而是有意按这样的顺序教学单词 T-shirt、shirt、skirt、dress、sweater。并且在教学的过程中有效地利用实物。第一个词 T 恤衫，先让学生根据语音规律知道 ir 的读音后，能够很快的读出整个单词的读音，并在此基础上记住单词的拼写，还能根据前面的字母 T 记住单词的意思。解决了第一个单词。第二个单词衬衫当然就迎刃而解了，只需去掉 T 而已。第三个单词短裙只需让学生观察它和衬衫只差一个字母，学生自然知道了把衬衫中的 h 换成 k，就变成了短裙。短裙之后当然是长裙也就是连衣裙 dress 了，这样很容易能记住 dress 的意思。记它的读音需要联系以前学过的单词 driver drink.，让学生通过拼读单词，自己得出 dr 的读音，这样印象会非常深刻，也能很快记住单词的拼写。前面的四个单词都是四会单词，这样通过课堂教学，学生差不多都能在课上掌握。最后是单词毛衣 sweater，学生只需把字母组合 ea 的读音记住就可以记住单词的读音，而 ea 的读音通常由两种情况，通过让学生比较以前所学过的单词 bread 中，ea 的读音，从而记住 sweater 的读音。这样学生就能在课堂上轻松的掌握住了所学单词的读音、意思和拼写。极大的提高了课堂效率。

在新授句型时，我总是创设情境，先和优生对话，进行几组练习让学生熟悉后，再让学生自由分组对话练习，然后让学生展示。如果举手的学生中有学困生，我会让其优先发言。还是以第三单元为例，在教完每个单词后，我都会举着衣服实物问学生，Is this a ______？让学生根据实际情况回答 Yes, it is.或者 No, it isn't.既让学生强化理解单词的意思，又在不知不觉中学习了新的句型。在学习第五单元“How much?”的句型时，我先在黑板上画出几件衣服，有裙子、牛仔裤、T 恤衫、短裤，并分别在下面标明价格。然后提问 How much is ______? How much are ______？提醒学生用 It's ______ yuan. 和 They're ______ yuan. 回答。然后再问学生为什么老师要这样问。有的学生马上说出，是因为牛仔裤和短裤都是两条腿，要用复数，所以要用 are。教师顺势说明不仅是裤子，鞋袜类的单词也要用复数的形式。这样学生不仅轻松的掌握了新句型的用法，而且还为以后鞋类的学习奠定了基础。

在英语教学的路上，我在尝试不断学习并成长。因为我对每个学生的足够用心，我惊喜地发现，我的孩子们也在不断成长着。这次期末考试，我所教的四年级两个班中，除了一个特殊的学生考了 20 分，其他学生都在及格分以上，其中一个这学期新从四川偏远农村转过来的从未学过英语，没有一点英语基础的孩子还考了 70 分。我所教的二年级的两个班教学成绩和过去比，都有明显的进步，尤其是其中一个公认的差班，过去不仅是倒数第一，而且还差很多，这次期末考试竟然考了正数第二。所教的四年级的一个班过去也是一个倒数第一并且和其他班差距很大的班，这次也考了个并列第三。原来，教学的幸福就在用心付出后得到的回报里。

打造快乐高效的英语课堂，减轻孩子们过重的课业负担，让每个孩子存有对英语学习的兴趣，使他们能幸福快乐地成长。这是我以后秉持的目标和方向，为此，我会不断学习，不断努力！

家长篇

话说家长

有的老师说："每个学生的表现，都能折射出背后家长的影子。"这话真的很有道理。家长会上，那些不停接打手机的家长，他们的孩子肯定是学习习惯不好、成绩较差或很差；那些认真听老师的发言并且记笔记的家长，那些会后主动找老师交流孩子表现的家长，他们的孩子大多是懂事有礼貌、认真学习、成绩较好或很好。

曾经深度接触过几位家长，他们的所作所为，有的令我感动，有的令我难过。先说令我感动的几位。

旭是我从三年级就教的一个学生，到现在为止已经是第三个年头。记得刚教他时，他的成绩一直不错，突然有一次下滑得厉害。我给他的家长打电话，了解情况，他妈妈说，最近没空管他，但请老师放心，她一定会尽力让孩子赶上。对此，我并没有怎么往心里去。后来，有一次无意中听同事说起旭的妈妈，我才了解到，这是一位多么了不起的女性。原来，在旭还没有出生时，他的爸爸遭遇车祸，成了植物人。他的妈妈不顾家人的劝阻，毅然决然地生下了孩子，不仅精心侍奉成为植物人的丈夫，还要伺候瘫痪在床的婆婆，又要料理孩子，生活艰辛可想而知，但这位坚强的妈妈总是无怨无悔，乐观地面对生活。

后来见到旭的妈妈，一位非常质朴又可敬的女性。交谈中了解到，旭上学后，妈妈一直非常关心孩子的学习。三年级新增了英语课，妈妈每天都要考察孩子单词和对话的掌握情况。但有时病人的病情恶化，就顾不上儿子了。我这才知道，旭的成绩背后凝结着这位母亲多少的汗水和泪水。以后，无论是在电话中还是在路上偶遇，当旭的妈妈向我打听旭的表现时，我都会夸旭学习知道努力，成绩不错。即使他有时作业没有做，成绩有下滑，我也是个别找旭谈心，我不忍让这位辛劳的母亲再添负担。后来的日子，旭的成绩也一直不错，大多在 90 分以上。当后来旭的妈妈对我说起旭在家里能够主动学习、体贴妈妈等良好表现时，我由衷地为旭的妈妈感到欣慰。

李非（化名）也是我曾经教了两年的学生。三年级刚教他时，有的老师说他是“弱智”，因为他的各科考试成绩都是个位数。在和他的接触中，我发现，他的语言表达能力很强，只是不爱写。在课上几乎从来不动笔，在家里写的作业都完成得很好。而且他还特别会唠嗑，说起来没完没了。上课时总爱迟到，考试时上厕所会一去不回。在和他妈妈的交谈中得知，孩子在头出生时，妈妈曾经煤气中毒。也曾怀疑孩子的智力会受到影响，但孩子上幼儿园时，表现挺正常，老师让背的儿歌和英语单词都能很快背诵。会认字以后，还特别喜欢看书、看报，就是不爱写字，也因为这个原因，他的考试成绩很差。为了儿子的学习，这位妈妈已经辞去了居委会的工作，专职在家带孩子，每天接送孩子、做饭、辅导孩子作业。之所以李非的家庭作业完成得好，全是这位妈妈的功劳。只是李非的成绩依然很差，最好的英语能考 30 多分，数学、语文成绩是个位数。就是为了这位不放弃儿子的妈妈，我也不会放弃李非，更何况李非是一个那么懂事有礼貌的孩子。我一直以为一个人的品质比他的学习成绩要重要得多。

王佟文思是一名特别出色的孩子，无论是学习成绩还是各项活动中的表现。这都源于她有一个优秀的妈妈。每次我在班里布置一些活动，只要是有涉及家长参与的，她的妈妈一定会积极响应。自己的孩子已经那么优秀了，但还总是主动打电话打听孩子的表现情况，和老师交换意见。对于孩子良好表现能积极鼓励，对于孩子出现的问题，绝不姑息，但不是只做简单的批评，而是耐心地讲道理。她的妈妈懂得真正尊重孩子，而不是只考虑家长自己的利益。本来她家早在几年前就搬到了城东，从各方面对比，那里的学校都比我们的学校要“高端大气上档次”，但因为孩子已经对现在的学校有了感情，不愿意转学去新的学校，于是他们全家都对孩子做出了“牺牲”。每天早上爸爸从城东到城西多跑8里地送孩子上学，中午奶奶在学校附近的老房子给孩子做饭，晚上爷爷再把祖孙两个接回城东的家。就这样几年如一日，全家为一个孩子辛勤付出。家长的付出，孩子已经看在眼里，她怎么能不积极向上，用良好的表现、优异的成绩来回报家长呢？

说到这里，想到以前教过的一个女孩儿琪琪（化名），想起她，就令我难过。琪琪其实挺聪明，长得也很可爱，但每天总是邋里邋遢的样子，上课不会专心听讲，作业很少能够认真完成，成绩很差。几次叫她的家长来学校，总有理由推脱不来，打过几次电话，也总是说不了几句就赶忙放下，学校召开两次家长会，一次都没有参加。据说琪琪的家长是开饭店的，不仅每天早上很早就把孩子送到驿站（中午当然也在驿站），有时忙得经常晚上顾不上接孩子，就让孩子夜间也住在驿站。这就不难理解，琪琪会有这样的表现了。当我最近听说琪琪因为很差的成绩遭到家长批评，可琪琪不但不接受，还和家长顶嘴从而遭到家长的毒打时，我愤怒了！在孩子的成长过程中，家长不用心，不作为，不付出，就像栽了一盆花儿，不施肥，不浇水，不给它阳光，还想欣赏到盛开的鲜花。当总是看不到花儿开时，就迁怒于花儿，甚至摧残花儿，真是岂有此理！

再说说另一个让我难过的家长。那次打电话叫赵洋（化名）的家长来，是因为赵洋的学习不在状态，成绩下滑得厉害。事先向班主任了解过赵洋的基本情况，他的父母离婚，他跟着父亲。我和赵洋的家长彼此并不认识，我在楼道里看到他向我走来，就迎上去问："请问是赵洋的家长吗？"他一副来者不善的样子："是，我儿子怎么了？"看着那张近乎凶恶的面孔，我极力稳住自己的情绪，把赵洋的英语学习情况作了介绍。听说儿子考得这么差，他暴跳如雷："我每天 5 点钟就叫醒他背英语，竟然考成这样！他还每个星期都上英语辅导班呢，我看也不用再去了。"我告诉他，不应该那么早就叫醒孩子背英语，因为孩子睡不醒，白天就没有精神上课。上课听讲精神不集中，就会影响学习效率。接着他又埋怨孩子的妈妈离婚后两年对孩子不管不问，孩子的姥姥把孩子接去几天，孩子就不想回来，还说离婚后都是他一人在带孩子，又得上班又得做饭（我事先听说的是孩子的奶奶在带孩子）。一会儿，赵洋来了，他爸爸瞪着双眼，一边质问，一边要打他的样子，孩子吓得缩在一旁。

我在心里同情着这个不幸的孩子。我对这位家长提了两点要求，一是以后对孩子态度好点，让孩子的心情放松一些，就容易提高记忆力。二是，以后不要在早上叫醒孩子背英语，因为孩子睡眠不足，会影响白天上课的听讲效率。如果实在没有其他时间，宁可不背也行。后来我打听到，孩子没有再被叫醒背英语。

楠（化名）是四年级时新转到我班的一个学生。他是个聪明但学习习惯不好的孩子。不爱写作业，字迹潦草。那次收假期作业，他先是说丢在家里了，让他下午带来，又说中午去驿站，让他放学后在教室里补作业，他拿着别的同学的作业，说作业找到了，并且理直气壮地和被拿作业的同学相互对峙。班主任把他的家长叫来，来的是他的父亲，竟然是一个酒鬼，进来就骂骂咧咧地要打他，班主任把他拉出去，一会又闯进来。我去拦他，他竟然一把抓住我的胳膊不放。后来班主任叫来孩子的妈妈，才知道这位爸爸整天就是喝酒，喝醉后对孩子非打即骂，从来不管孩子的学习。楠的妈妈说，孩子的教育和学习都是她一人在管，有时她工作一忙，就顾不上来，希望老师谅解。我对此无可奈何。我希望每个孩子都有一个幸福的家庭，都有疼爱她们的父母，都能接受正面的家庭教育。我也希望作为父亲，能够让孩子感受到父爱的坚实和可依赖。因为如果母爱是天然的慈祥和温柔，那么父爱应该是后天的大树和屏障。孩子的健康成长固然离不开温柔、感性的母爱，但更不能缺失严肃、理性的父爱。

记得在哪里看过这样的话："父母是孩子最好的老师，餐桌是孩子最好的课堂，家庭是孩子最好的学校。"深以为如此。如果你真的爱你的孩子，那么请做好孩子的表率。因为你的一言一行，一举一动，孩子都会尽收眼底，存在脑海。你想让孩子怎么样，就请先从你自己做起吧！

爱的悲哀

作为科任教师，我很少主动叫家长。对于学生出现的问题，我自己能解决就解决。解决不好再和班主任沟通。因为我知道，真正关心孩子的家长，孩子一般不会出现较大的问题。出现问题的，都是家长忙于自己的事业无暇顾及孩子。你就是叫了，人家或者没时间来，或者来了也起不到什么作用。

凡事都有例外。

小高同学长得白净漂亮，非常可爱，总是穿名牌运动服、运动鞋，家境肯定不错。可他课上课下的表现却令人大跌眼镜：课上很少能好好坐着听讲，课下在地上连滚带爬，作业从来不写，考试懒得答题。你批评他，他会做出一副被宠坏的样子，嘻嘻地笑着，故意用港台味的声调冲你说："人家已经有进步了耶"。让你气也不是，笑也不是。和班主任说起小高的情况，班主任也无可奈何，说已经叫了几次家长，但收效甚微。于是我只好对他特别关照，发现对他管紧了，表现就好点，稍一松懈，马上就恢复原状。上学期他一直处于一种起伏不定的状态中。

这个学期，我发现小高的表现还不如上学期，对他说什么都不往心里去，第一单元测试只考了 20 多分。我不得不叫家长。他的爸爸来了，一个文质彬彬的书生形象。在和家长的交流中，小高同学就在旁边，不时插嘴，看得出他一点不把他老爸放在眼里。我预见了这次家访的失败。果然，小高依然我行我素，第二单元测试考了 30 多分（内容比一单元简单）。和班主任说起此事，班主任告诉我，小高在家里只听他妈一个人的。于是我又约见了他的妈妈。他的妈妈长得很漂亮，也很健谈，在和她的谈话中，我终于了解了小高的症结所在。

小高的家长其实很重视对孩子的教育，而且简直是下了血本，不仅平时买了许多如何教育孩子的书籍，而且曾经几次到全国各地参加有关教育孩子方面的专家培训。不仅如此，每周两天的休息日，都给孩子排得满满的，周六上午数学辅导班，下午作文辅导班，周日上午英语辅导班，下午完成老师留的作业。于是有了我们以下的对话：

我：你觉得孩子上这些辅导班有作用吗？

她：各科成绩怎么还越来越差了呢？

我：我们大人到了礼拜天还想休息、娱乐、放松，何况是一个孩子？你都不给他一点喘气的时间，他学习能有效率吗？

她：那要不然我就不让他上辅导班了？

我：对！起码现在英语辅导班你没有必要让他去上。现在他英语基础这么差，怎么能学得会英语语法。你还不如让他每天用 10—20 分钟的时间用点读机学习课本内容，效果要好得多。

她：好吧。

我：孩子毕竟是孩子，更何况他还是一个好动的孩子。星期天该带他玩玩就玩玩吧，也可以让他和同龄的孩子一起玩，这样反而能提高他学习的效率。

她：我试试吧。

其实还有两点建议我没有和她说，因为毕竟初次见面，不知是否合适。

第一：不要一味照搬书中或专家讲座里教育孩子的方法。因为个案不同，实际情况不一，具体情况应具体分析。像现在小高这样还一味进行赏识教育和所谓的民主管理，可能会惯坏了这个孩子。其实小高家长对孩子实行的并不是真正的民主，真正的民主是不会不尊重孩子的意愿，强迫孩子牺牲休息和玩耍的时间而去做大量的无效的劳动。

第二：小高的妈妈应该帮助小高的爸爸在孩子面前树立起做父亲的威信。因为孩子眼里一个值得尊重、信赖的父亲形象对孩子的健康成长有至关重要的影响。

家访后一周，小高的表现有了明显进步。他说，他妈不让他去英语辅导班了。但是今天，小高对我说，他妈这周还是让他去辅导班，孩子的眼里写满了不情愿。对此，我爱莫能助，无可奈何。

家长，请慎重对孩子说话

李帆（化名）是一个非常聪明的孩子，原来学习成绩一直不错。不知从什么时候起，我发现他的书写越来越差，作业经常不完成，成绩下滑得很快。这次期中测试，他只考了 82 分，而班里的平均分是 92 分。

昨天英语课上，我对试卷出现的共性问题做了讲评，然后把试卷发下去，让学生自己改错。我的要求是：改错后，把改正后的错题在错题本上再写一到三遍；把试卷拿给家长看，让家长签字并写出意见或建议。今天我把收上来的试卷和错题本进行查阅、批改。发现李帆的试卷并没有家长签名，更别说什么意见和建议。难道他的家长对他的退步就这么无动于衷吗？还是家长根本就没有看到试卷？我想有必要和李帆的家长面对面沟通一下，我让李帆请他的家长下午来学校，我想和家长了解一下孩子退步的原因。

中午刚吃过饭，李帆的妈妈打来电话，说李帆告诉她英语老师让她去学校，因为卷子上没有写意见，她说，她没有意见所以没有写。还说如果有什么事是不是下午上学时和她说，因为下午放学时她没有空。我告诉她，我找她不是因为卷子上没有写意见，而是因为李帆这段时间退步的事情。我介绍了李帆以前的良好表现以及现在的状况。她妈妈竟然说，她每天都让孩子写单词、读英语书，成绩为什么还越来越差、字越来越乱了呢？还说她总是嘱咐孩子要听老师的话，不管老师说的对不对。我说你怎么能这样教育孩子呢，老师的话不对为什么要听呢？如果觉得老师什么地方做得不对，你可以找老师说。她说，那可不敢。于是告诉我她的一个亲戚的孩子在班里因为指出一个老师的讲课错误，后来被老师百般刁难，最后不得不转学的事情。我说那只能是一个个别的例子，不能说所有的老师都是那样的吧。

她又说李帆的卷子有一处老师给判错了，就是第一题根据图片写单词，有一个图片是连衣裙可以写 colourful 的，我说是的，这个题有三个答案，pretty 也算对。这道题虽然不是我判的，但判这道题的老师当时跟我说过。她说，李帆就是写的 colourful，老师给判错了。我说，老师肯定会认真地判卷，但时间紧卷子多，也难免会有误判的时候，再说也不排除孩子改卷的可能性。因为之前有过这样的孩子，还不止一个。她说，自己的孩子肯定是写对了的，是老师判错了。因为她之前就知道有老师把孩子的作业和卷子判错，又举了她一个朋友的孩子的例子为证。

我明白了李帆为什么退步了。他的家长如此不信任老师，孩子又怎能信任老师，孩子不信任老师，又怎能听得进老师的话呢？我承认，教师队伍中确实有些人的做法败坏了师德，让人失望，可是我们不能因此就怀疑所有的教师，因此用极端的做法教育孩子，误导孩子。我最后对她说，你说你一直在教育李帆要听老师的话，可是老师让他上课认真听讲，他却看课外书，老师让他书写认真，他却写得越来越乱，老师让他认真完成作业，他却经常不写，你想过这是为什么吗？就是因为你的教育导致他对老师的不信任。请你相信我们大多数老师不是你所想象的那么狭隘。最后，她说，谢谢老师，给老师添麻烦了，请老师以后多多管教李帆。我说，放心，我会尽一个教师责任的。

放下电话，想午休，却久久没有睡意。教育孩子真是不能大意，无论是家长还是教师，在孩子面前说话，一定要慎重。

在家长座谈会上发言（一）

各位在不同的岗位辛勤工作或为家庭默默付出的可敬可爱的家长朋友，大家下午好！

一直非常期待这次家长会的召开，是因为前不久我召集的一次小型家长会收到了非常好的效果。那些被召集的家长的孩子最近一段时间的表现，真的让我刮目相看，惊喜连连。所以我相信这次家长会后，经过我们家长教师的共同努力，我们的孩子思想学习各方面都会上一个新的台阶。

我把这次家长会的主题定为“让我们和孩子一同成长”，是受中国家庭教育专家张海峰所说的一段话的影响，我把它稍微做了一些改编，请各位家长分享并思考：“如果你能从孩子身上找到 10 个优点，你就是一位优秀的家长；如果找到了 5 个优点，你就是一位合格的家长；如果找来找去，很难发现孩子的优点，那您是不是该反省一下自己，你是怎么教育孩子，给孩子做榜样的？你是否有一双善于发现美的眼睛？”

其实作为教师也是如此，也应当有一双善于发现学生优点的眼睛。我自知水平能力有限，成不了优秀教师，所以尽力向合格靠拢。在今天的家长会上，除了介绍期中考试的情况，我还把所发现的学生的优点归纳了 5 项进行表扬，也算是让家长了解一下孩子在英语学习方面的基本情况。(出示幻灯片)。

一、期中考试进入前 100 名的同学（名单略）

二、词汇达人（名单略）

三、热爱学习奖（名单略）

四、书写漂亮奖（名单略）

五、进步突出奖（名单略）

六、助人为乐奖（名单略）

七、表现特别奖（名单略）

看到这里，有的家长可能感到有些失落，这么多的孩子都挨了表扬，怎么就没有我的孩子，是不是老师不喜欢我的孩子。在这里，我真诚的向您保证：真的不是这样。其实事后我也查看了一下，受到表扬的得有 30 多个孩子，只有 10 多个孩子没有受表扬。没有受到表扬的孩子，只是因为他们在这几方面相对来讲做得不够突出罢了，说明他们各方面还有很大的进步空间。我喜欢我所教的每一个孩子，比如尹正阳，他特别懂事有礼貌，读英语特别好听，架子鼓敲得特别好，我相信他将来一定会有一个幸福快乐的人生。

下面我还想说说感动老师的家长（家长名单和主要事例略。）

最后我想给各位家长提三点建议：（出示幻灯片）

一、勤于和老师联系沟通

二、帮助孩子养成良好的学习习惯

1. 上课认真听讲

2. 认真按时完成作业

3. 每天最少听读英语 10 分钟

三、身教重于言教

孩子的表现有时其实就是家长的一面镜子。在我们没有留意自己的言行时，其实孩子早已经把我们的言行举止看在眼里，记在心上，并对孩子产生潜移默化的影响。所以我们希望孩子怎样做，自己首先要做到。如果我们自己言行不一，孩子当然就会看不起我们，又怎么能听得进去家长的话呢。

我们四—4 班现在正朝着一个良好的势头发展。几乎所有的同学都在努力学习，不断进步。我知道这和家长的辛勤付出是分不开的。真诚地希望各位家长在以后的日子里继续关注支持我们的工作，让我们的孩子都能身心健康，学习进步，成就一个幸福快乐的人生。谢谢大家！

在家长座谈会上的发言（二）

各位家长朋友：大家上午好！首先对各位的到来表示热烈的欢迎和衷心的感谢。

作为孩子们的英语教师，我想先就三年级英语教材的内容和英语学习的基本要求和各位家长做一下交流和沟通，以便大家以后在指导督促孩子在学习英语时，有的放矢，收到事半功倍的效果。

三年级英语教材共分六个单元，每个单元都有 A B C 三个部分。A B部分是必学内容，C 部分是选学内容。A B 部分的 Let'talk 和 Let'learn 是学生必须要掌握的重点内容。这里所说的掌握是指会听说、认读单词和句子，知道它们的汉语意思，不要求孩子背写。如果孩子学得容易，有兴趣，可以让他们背诵对话，抄写单词句子并翻译成汉语，但不要强迫。其他内容 Let' do, Let' chant 和 C 部分的 Story time 都是为了巩固复习所学重点内容而设的，让学生在力所能及的条件下尽量掌握。

三年级是国家规定的开设英语的起始年级，是学生构建英语知识大厦的基础阶段。这个阶段英语学得好坏直接影响以后的英语学习，所以在三年级培养孩子的英语学习兴趣和良好的英语学习习惯至关重要。

在英语教学中，我一直在培养孩子们的英语学习兴趣上下功夫，让孩子们都喜欢上英语课。期中考试中，我们也取得了比较满意的成绩，班级平均分在 90 分以上。当然成绩的取得和在座的大多数家长的支持帮助密不可分。我知道有很多家长每天都督促检查孩子的英语学习。有的家长在投资上非常舍得，不仅购置了学习机、复读机等，还给孩子报名上各种英语辅导班。

也有的家长非常困惑：学习机买了，可孩子不听不读；辅导班也上了，可成绩还是上不去。这就涉及一个学习习惯的问题。有的孩子在上课都不能认真听讲，在辅导班能认真听吗？所以家长要经常教育孩子上课认真听讲。另外，还要请家长每天利用一个固定的时间，最少 10 分钟督促孩子读书，听录音，长期坚持养成习惯。

还有的家长反映自己不懂英语，无法辅导孩子。甚至有的孩子把成绩差归咎于家长不懂英语。首先必须纠正孩子的错误认识，是你在学习，不是家长在学习，学习不好，是你自己的责任。然后可以嘱咐孩子，上课好好学习，回家后教给家长。这样能有效地激发孩子学习的积极性和主动性。

有的家长对学校对教师期望过高，认为把孩子送到学校交给教师就没有自己什么事了。其实家长才是孩子的第一老师。家长对孩子的言传身教、潜移默化的影响会对孩子一生人格的塑造、各种习惯的形成奠定基础。教师的影响和作用也不无重要，但起决定作用的绝对是家庭教育。所以，各位家长，请你每天在百忙中抽出一定的时间和你的孩子在一起，一起读书，一起做事，一起游戏。让孩子在温馨的家庭氛围中，在父母亲人爱的沐浴中，健康成长！

谢谢大家！

在家长座谈会上的发言（三）

各位家长：上午好！

首先对大家的光临表示热烈的欢迎和衷心的感谢。

我们之所以有缘在这里相聚，还得感谢我们那些性格各异、天真可爱的孩子们。是他们的存在和他们精彩纷呈的表现，才使我们在这里有了交流的机会和交流的话题。感到遗憾和抱歉的是，我目前对多数孩子的家庭状况并不是很了解，所以这里如果我说的有不妥当的地方，请家长在会后找我个别交换意见。我想说的问题是：

一、让孩子轻松快乐地学习

受社会大环境的影响，很多家长对孩子抱有很高的期望，希望孩子将来考重点中学、重点大学，让孩子帮自己实现以前没有实现的理想，于是就不顾孩子的实际承受能力和身心健康，总想让孩子不停地学习。这个心情可以理解，但做法却不敢苟同。孩子毕竟是孩子，更何况只是10岁左右的孩子，玩耍是他们的天性，更是他们的权利。孩子在学校已经学习了一天，够累的了，你就让孩子玩一会儿，看一会儿他们喜欢的电视节目吧。双休日是大家休息的日子，可我们的家长却不去考虑孩子的感受，硬逼着孩子去上这样那样的辅导班。

当然我不是全盘否定孩子上课外辅导班，我觉得有两种情况孩子可以上辅导班：一是孩子真的喜欢学，学得还挺好，可以去上课外提高班。二是孩子在学校的确从心里想学，因为理解困难跟不上，可以去上单纯的辅导班。所以孩子上辅导班，家长一定要考虑两个方面的因素：一是孩子是否需要上；二是孩子是否愿意上。如果他在学校学习跟得上，你还让他去上同样教学内容的辅导班，结果会导致他以后上课不好好听讲；如果他不愿意去上，你强迫他去上，结果会导致他越来越厌学——都是干的花钱不讨好的事情。

学习对孩子来说应该是一件轻松愉快的事情，如果我们的孩子感到学习是一件痛苦的事情时，那一定是我们大人哪里做的出了问题。我们应该反思自己。

二、言传身教，对孩子一生发展负责

和上述做法相反的是，有的家长倒是不怎么逼孩子学习。他们或是忙于自己的工作，或是忙于赚钱，顾不上管孩子。他们把孩子或是推给爷爷奶奶、姥姥姥爷，或是交到驿站。老人对孩子的放任、溺爱，驿站对孩子的简单管理，使得孩子的表现不尽如人意，不服从教育、不遵守纪律、不爱学习等不良习惯导致孩子的学习成绩不理想。其实，10 来岁的孩子正是需要父母亲情温暖的时候，父母每天抽一定的时间和孩子在一起，说说话，做做事，让孩子的心里有一种温暖和踏实的安全感，不仅对孩子的心灵成长，而且对孩子的智力发展都有一种不可估量的神奇作用。

真的，其实孩子在心里真正需要你、依赖你的时间并不太长，一般也就随着初中毕业而结束，所以请你努力做到宁可少赚些钱，也要多陪陪孩子。错过这几年，可能真的会耽误孩子的一生。更何况你赚钱的目的不就是为了孩子吗？

也有的家长用金钱和物质奖励诱惑孩子，承诺考多少分，就给买什么。这实际上是在误导孩子认为自己是在给家长学习。要让孩子懂得他考好了是应该的，学习是他自己的事情，他有责任通过自己的努力学得知识。

还有的家长自己不读书，不看报，却埋怨孩子不喜欢看书；有的家长自己在家不是打麻将就是看电视，却埋怨孩子不好好学习。己所不欲，勿施于人；身教重于言教。如果你想你的孩子成为什么样的人，那么你就现在做好孩子的榜样。如果你都抵制不了电视剧的诱惑，就不要要求孩子专心致志地学习。如果你真的爱自己的孩子，就多读些书，把书中的事情讲给孩子听，激发孩子的求知欲；就用你经常读书的身影去影响孩子，让孩子也喜欢上读书。请相信，一个喜欢读书的孩子，即使他将来成不了才，也绝对差不到哪里去。

三、我的想法和希望

作为孩子们的英语教师，我能做的就是在自己的能力范围内，尽量让孩子们在课堂 40 分钟学得快乐，学有收获，让孩子们喜欢英语课，维持以后对英语学习的兴趣。所以以前我一般不会留写单词写句子的作业，只要求学生会读，知道意思即可。因为英语教学大纲对三年级英语教学的要求就是会听说认读，不要求会写。但这次期中考试区教研室命题出现了拼写单词和连词成句的题目，远远超出了三年级学生的能力要求。我的想法是，不能围着出题者的指挥棒转，但也不能完全坐视不理。所以现在我除了要求孩子们对所学内容会认读知道其意思外，还要求他们在练习本上抄写并翻译，这样有助于学生对单词和句子的理解和记忆。另外我还要求接受能力强的同学能够把所学的对话背诵下来，有时间懂英语的家长可以随时考查孩子的背诵情况。

我还想说，其实孩子们的潜力是惊人的。虽然有的孩子目前是公认的“差生”，但我相信，只要家长、老师对其怀有足够的爱心、耐心，再加上科学的方法，“差生”未必不能变成优生。在小学和初中阶段，孩子们还没有完全定型，所以家长千万不要对你的孩子失去信心，也千万不要把改变孩子的希望完全寄托在教师的身上。其实家长对孩子的教育和影响远远的大于教师。这里我向大家推荐一本非常值得一读的好书《好妈妈胜过好老师》。作者尹建莉通过自己 16 年的成功教女经验和体会，告诉我们应如何做一名合格的家长以及家长在教育孩子方面的重要作用。毫不夸张地说，如果你真能研读此书，并能把其中的教育理念运用于你的教育实践，真的非常有可能改变你孩子的一生，改变你的家庭命运。

有的家长抱怨孩子不听话，我想说，不要以为我们是大人，就小瞧我们的孩子，以为他们什么也不懂。其实他们内心世界的丰富多彩有时是我们大人所无法理解的，正所谓“人小心大”。尊重我们的孩子，理解并信任我们的孩子，把他们当成我们平等的朋友去看待，孩子自然也会把我们当作朋友，有什么事情自然就好沟通解决了。

以上是我针对学生和家长中存在的一些问题通过自己的读书和思考以及多年的教育实践体会所提的一些方法和建议。不妥之处，请各位家长提出宝贵意见，我们再进行交流、沟通。我相信，一个真正爱孩子、懂教育的家长，他的孩子绝对差不了。当我看到有的孩子那么懂事明理，那么遵守纪律，那么认真细心，那么热爱学习时，我仿佛看到了他们身后家长的殷殷目光，也能了解他们为此所付出的智慧和努力。

最后祝愿我们的孩子在良好的教育环境中健康快乐地成长！祝愿我们的家长在养儿育女的辛劳中享受到无比的快乐和幸福！

谢谢大家！

思考篇

心的呐喊

多少年来，我们所谓的教育改革就一直没有消停过，今天听了这个专家的名词，赶紧照猫画虎，明天听了那个专家的术语，又赶紧投入实验，领导在风口浪尖上左拼右挡，教师在云山雾罩里疲于奔命。

我们都太关注我们的行为是否符合领导专家的意图，我们都太在乎自己所谓的名和利，我们恰恰忽视了我们最应该关注的教育对象……学生。我们从没有想过，我们的学生需要的是什么教育？我们从未懂得真正的教育到底是什么？为什么总要想创建什么教育模式，搞“一刀切”？古人早就提出“教无定法”“因材施教”。为什么公开课就必须使用多媒体，并且要事先进行反复演练？教师的自主权在哪里？学生又岂不成了教师演出的道具？为什么总是想着靠压榨学生的时间来提高自己的教学成绩？我坚信，教师教学质量的高低，绝不仅仅体现在教学成绩。

如果我们真的关心我们的学生，如果我们真的热爱我们的教育，那么就请静下心来，多读几本古今中外教育大家的书籍，那样我们浮躁的心灵会得以安宁，我们被桎梏的心灵会得以解放。我们才会真正走近教育，走近学生。我们才会急学生之所急，想学生之所想。我们在备课时才会想着重点问题怎样讲怎样练，才能让学生容易掌握；难点问题怎么做，才能让学生容易突破，而不是只想着我要怎么讲，必须要有哪些环节，哪些环节会受到领导的欣赏。我们会在课后视学生掌握情况不留或少留作业，而不是统一留很多的无聊的机械性作业。

我们会对一些特殊学生予以特别关注，而不是简单地冠之以“弱智”或“自闭”，从而发现他们那丰富多彩的心灵世界。

为什么不给学生一点自由的时间？为什么剥夺学生思考的权利？为什么那么在乎考试第一？如果较高的成绩要以牺牲学生的自由和快乐、扼杀学生的学习兴趣来换取，那么我宁愿放弃！

为什么不能对学生一视同仁？为什么要歧视成绩差的学生？为人师者最主要的任务就是用爱心和耐心给学习困难的学生种植慧根，而不是让有慧根的学生成为自己争名夺利的工具。

不要总是只盯着学生的考试成绩，到底差了几分还是零点几？那并不能完全说明教师的工作态度和工作能力。因为还有学生知识底数的问题，我们更应该看到学生是不是在不断进步，有没有学习的兴趣，有没有持续发展的潜力。

或许我的呐喊声太轻太轻。但我必须发出我的心声，只为了自己心灵的安宁，也为了孩子们未来幸福的一生！

给谁留的作业

自从有校讯通以来，我发现不管是哪个年级、哪门学科都有很多老师布置作业时，告诉学生一遍，再用校讯通给家长发一遍。更有老师根本就不告诉学生作业，就直接发给家长。还有老师给家长发校讯通，让把学生做的作业进行检查后签字，再交给老师。如果上交的作业中还有错误，就会遭到老师的批评，这些批评中当然也包括指责家长的不负责任。

于是又出现了这样的种种现象，让教师不解、无奈，甚至气愤。教师在课堂上反复强调的重点问题，有些学生就是不会；教师把答案写在黑板上让学生抄，学生就是写错；更有经常不交作业的孩子总有借口说忘在家里了。其实仔细想想，这些问题的出现，主要还是在于我们教师。

首先教师应该有这样的一个共识，作业是留给学生的，不是留给家长的。作为学生，如果你连作业都记不住或懒得记，那么作业做得多好又有什么意义呢？其次，做作业是一个性格养成的过程，家长直接辅导容易造成孩子的依赖心理，对孩子来说，从小就学会承担责任是更重要的一个训练，完成作业就是他们自己应当担负起来的责任之一。

一位美国的教育专家说，给孩子布置作业的目的，除了增加孩子对课堂传授概念的了解、提高孩子相关学科的技巧之外，更重要的是打开孩子的视野，锻炼自我探索和拓宽知识的能力，养成独立思考的习惯，最后能形成对事物独立的看法。而家长辅导过的作业，老师判断的是家长的水平和思路，而根本看不出学生的想法了，这就失去作业的本来意义。长此以往，孩子的思路便被禁锢了，失去了自我探索的能力和创造性，这样的教育培养出来的只会是一代又一代的机器人，而且很可能会一代不如一代。

对此，我们就不难理解为什么学生会出现那些问题。因为家长和教师的包办，不仅让孩子们缺乏责任感，还无情禁锢了孩子们的思路，让他们失去了探索学习的热情，丧失了独立思考的能力。所以他们在学习上敷衍塞责，照猫画虎，得过且过，令人堪忧。

如果孩子对作业确实有大量不懂的地方怎么办？难道家长应该眼睁睁地看着孩子把错误的答案交给老师？对此，美国的教育专家指出，在作业上家长应该对孩子放手，允许孩子犯错误，而不是企图帮助孩子把作业“修理”完美，因为只有孩子从小学会了怎么面对和解决困难，养成接受并战胜挫折的能力，才可慢慢锤炼出自己的学习技能，从而应付将来人生道路上可能的困难。

至此，作为教师我们应该已经明白，我们是在给学生留作业，所以我们必须这样对待学生的作业：让学生自己记住作业的内容；让学生独立完成作业；允许学生作业出错，哪怕做得很烂。一个被野猪追赶的孩子虽然暂时会比一个主动追赶蝴蝶的孩子跑得快，但追蝴蝶的孩子一定比被野猪追的孩子跑得更长久。因为一个是主动的，一个是被动的，一旦没有了野猪追，孩子就会停下来。

教师节礼物

每年的教师节，我都会收到学生送的教师节礼物——一枝枝或一束束的鲜花，也有其他的有趣的小礼物。每当接受礼物的时候，我会特别开心，因为对于科任教师来说，这真实地表达了孩子和家长对你的喜欢和认可。

今年的教师节，我竟然意外地收到了一个二年级的学生送给我的一大捧鲜花。手捧着满怀漂亮的鲜花，心中又高兴又感动。其实我只教了二年级的孩子两节课就暂时停课了，绝大多数的孩子我并不认识，可昨天开始，已经有几个孩子送了我可爱的小礼物，叫我惭愧又感动。

今年的教师节我没有收到所教五年级这个班的任何一个学生的教师节礼物，尽管我和他们相处的时间很长，尽管我们有的已非常熟悉。原因当然不是这个班的学生都不喜欢我，而是昨天班主任在班里告诉学生，教师节谁也不要给老师买礼物，你只要好好学习，听老师的话就是给老师最好的礼物。

班主任的做法，表面看起来无可厚非。但我认为，班主任没有必要，也没有权利禁止学生给自己喜欢的老师买小礼物，以表达自己对老师的情意。在经济条件许可的范围，学生用一枝鲜花、一张卡片、一件并不贵重的小礼物表达自己对老师的喜欢和感激，既可以培养学生的感恩之心，又可以拉近师生之间的距离，有利于教育教学的开展。

班主任只需提醒学生，表达自己对老师的心意，并不在于礼物有多贵重，因为我们并不挣钱。现在社会上流传着有的教师在教师节会收到很多贵重礼品甚至购物卡，有的家长一方面并不情愿，一方面还不得不送。我想说这里既有家长的原因，也有教师的原因。可能有个别教师素质较差，暗示家长送礼，或对送礼和不送礼的孩子待遇不同，迫使有些家长不得不送礼。但也有的家长，出于某种目的，或是对老师人品的不信任，或是想让自己的孩子得到更多的照顾，给班主任甚至科任老师送礼。

也许我就是这么一个见识小的教师。我很喜欢教师节孩子们送我小礼物，哪怕是自己制作的小卡片。当然对那些不送我礼物的孩子，我肯定不会两样对待。因为礼物本身有时并不能说明什么。

警惕“优秀”教师之毒

在我们如今的好多学校里，都会有一些被各种荣誉的光环所笼罩的优秀教师。他们被学生家长所推崇，被学校领导所信任。之所以如此，大多是因为他们对学生要求严格，教学成绩较高。

这本来无可厚非。可是当我发现各个年级的所谓“弱智”学生大多都出自一个优秀教师之手时；当我耳闻目睹了一个优秀教师对待班里的学困生百般的歧视和侮辱时；当我听到一个文静可爱只是学习成绩差的小女孩，愤怒地表达她对她的班主任的恨意时，我不得不提醒一些家长，要警惕某些“优秀”教师之毒。

有好多家长，尤其是有点门路的家长都喜欢给自己的孩子找一个所谓的好班。当然主要是找一个好的班主任老师。好老师的主要标志当然就是能让自己的孩子学习成绩好，而不管这个成绩是靠什么代价换来的。好老师为了对得起家长和校领导的这份信任，就只能在提高学生成绩上下功夫。于是他们对学生展开了全面的“围剿”。

为了提高学生学习成绩，他们不顾学生的心理感受和身体健康，肆意霸占学生的休息时间甚至剥夺学生上课间操和音乐课、体育课的权利。经常可以看到课间操时间有的班里总有十几个人逗留，那是教师在辅导差生。也可以看到，正课时间，有的班里只有十几个人，那是不被允许去上音乐课或体育课的孩子，他们在改正老师留的作业。课下十分钟，总是舍不得让学生方便休息，不是讲课就是做题，就连中午也给学生留作业，更不用说晚上和双休日。他们用大量的机械性的重复性作业，在强化学生记忆的同时，也禁锢着学生的思维；他们在剥夺学生自由活动时间的同时，也限制了学生的自由发展。

对这种情况，学生敢怒而不敢言，但却能受到家长和某些领导的赞许。于是，对班里出现的拉班里平均分的学困生，尤其是家长没有什么能力的，那真是犯了他们的大忌。他会在班里对这样的学生极尽讽刺挖苦之能事，会毫不遮拦地表达对这样学生的厌恶，甚至还会用行动和语言暴力双重摧残这样的学生。于是有的心灵脆弱的孩子心灵自闭，更加厌恶学习，有的甚至选择退学。性格倔强的孩子用调皮捣蛋，甚至打架斗殴发泄自己内心的不满和压抑；有的则把深深的恨意埋在心里。

认识一个小男孩，在一个城市上学。这个阳光帅气的小男孩小学时成绩中上等，喜爱读书，语文较好，但数学稍差。升中学时，他的家长找关系托门子，硬是把他送到一所私立的市重点学校的重点班。可想而知，教他的老师都是精英中的精英教师。于是他的噩梦开始了：因为他的成绩差，成为老师们在课上轮番批判的对象；因为作业太多，晚上做到很晚，睡眠不足，他在课堂上睡觉的画面被老师录下来，在学校广场的大屏幕上反复播放。本来是一个自尊心很强的孩子，哪里能经得住这些？于是他坚决选择了退学，初中都没有毕业。至今只喜欢把自己一人关在家里，不爱和人交流。如果家长当初能够理智一些，依照孩子的实际情况，让孩子就近选择一所普通中学就读，或许这样的悲剧就不会发生。

还认识一个小女孩，在一所农村的中学上学。一次她充满仇恨地对我说："我恨死了我们的班主任，我一辈子都恨她。"我问为什么？以下就是她的血泪控诉："她就是一个神经病，不让我们下课。总是两节课连起来上。解手也不让去，让憋着。她总是说，我们班就得考第一，考不了第一，我就难受。她还是一个偏心眼，不公平。犯同样的错误，学习好的同学就没事，学习不好的同学就挨批、挨罚。她对学习不好的学生就像一个狠毒的后妈，骂得可难听了。打人也够狠的，有时把棍子都打折了。有一次她上课我听不懂就画画，让她看见了，揪着我的头发使劲打。"女孩的妈妈却告诉我，班主任是一个市级骨干教师、区级优秀教师，教学成绩总是比别的老师高，很多家长都托门路去上她的班里。女儿学习不好，也怪不得老师这样对待。可怜的孩子！可悲的家长！

奇怪的是有很多孩子在饱受这样的教师摧残之后，却依然喜欢甚至尊敬老师。在学校每年发给学生的调查表，调查你最满意的老师里，虽然总有少部分家长选择放弃，但大部分家长也会把这样的老师列为最满意的。排除有些家长怕老师打击报复的因素是违心的填写外，我确信，他们是真的喜欢这些老师；我也怀疑他们患上了斯德哥尔摩综合征。

斯德哥尔摩综合征的起因来源于此：1973 年在瑞典首都斯德哥尔摩，有两个劫匪在抢劫一家大银行失败后劫持了四名银行职员。虽然在警方的努力下，人质最后获救。然而这起事件发生后几个月，这四名遭受挟持的银行职员，仍然对绑架他们的人显露出怜悯的情感，他们拒绝在法院指控这些绑匪，甚至还为他们筹措法律辩护的资金，他们都表明并不痛恨歹徒，并表达他们对歹徒非但没有伤害他们却对他们照顾的感激，并对警察采取敌对态度。更甚者，人质中一名女职员竟然还爱上其中的一个劫匪，并与他在服刑期间订婚。

这两名抢匪劫持人质达六天之久，在这期间他们威胁人质的性命随时会有危险，人质会把生命权渐渐托付给劫匪。因为有时劫匪也会表现出仁慈的一面：给人质吃一口饭、喝一口水，人质会觉得是劫匪对自己的宽忍和慈悲。对劫匪的恐惧，会先转化为对他的感激，然后变为一种崇拜。

平时一直对学生态度严厉，要求苛刻，让学生极度害怕的教师，如果偶尔对学生好一点，有的学生就会对教师产生好感和依赖心，甚至于上升为崇拜，更有的会对他们一直“不够狠”的教师产生轻视的心理，而不服管教。这就是典型的斯德哥尔摩综合征。患上此症的孩子会有畏强凌弱的心理，缺乏基本的辨别是非善良的能力。

我还想说，这些优秀教师为了追求单纯的教学成绩，忽视人性、除了受客观大环境的影响，也和自身的修养有直接关系。他们不懂得教育教学的规律，总是揠苗助长、急功近利；他们并不真正从心里爱孩子，只是过分地爱他们自己的名和利；他们的内心极度空虚，找不到自己的价值感和存在感，所以只能靠外在的证据，也就是学生的成绩来证明自己。他们在毁孩子的同时，也在毁着自己。毁掉孩子的是自信心和思考力，毁掉自己的是道德和良心。

开学初的思考

新的学期又开始了，预示着紧张繁忙的工作接踵而来。在这所全区的重点，全省乃至全国都有点名气的学校任教，压力可想而知。所以，不断有老师被累病，不断有老师调离到工作相对轻松的单位。我不想被累病，也不想求人调离到工作轻松的单位。我就在想，这学期我应该怎么做，才既对得起自己，又对得起学生呢？

最近听说，有的学校不是以毕业成绩而是以学生的犯罪率来衡量考评教师。我想这肯定不是我们国家的学校。

如果我们学校的评比，不是单纯以教学成绩，而是以尊敬师长、遵守纪律、热爱学习、身体健康、全面发展来衡量，那么我们的老师就会少了许多的烦恼和急躁，我们的学生就会多了许多的幸福和快乐。那样就不会出现有的教师占用学生课下十分钟休息的时间还在讲课；不会出现有的教师让学生在上其他课的时间到办公室补作业；不会出现有的教师怕学生记不牢，而总是留重复性作业；不会出现体罚打骂学生的现象……同样也不会出现有的学生在网上恶毒咒骂个别教师的语言；不会出现有的学生一出校园就用低俗的语言彼此对骂，不以为耻，反以为荣；不会出现部分学生上课不爱听讲，课下不爱写作业的现象；不会出现集会时间稍长，就有多名学生相继晕倒的现象……

应试教育的指挥棒啊，泯灭了多少教师的人性；扼杀了多少孩子的天性；制造了多少家庭的悲剧；夺去了多少孩子的童真快乐！

开学初，学校在工作计划中把德育教育放在了首位，并让教师以“做人第一，德育为首”为主题展开讨论。初衷是好的，效果如何并不乐观。因为在我国从政府的文件、报刊的宣传到学校的总结看，我们重视德育已到了无法再重视的程度，口号叫得连天响，可实际上实效性并不强。

据说德国的学校既没有政治课，也没有道德课，问他们怎么进行道德教育，人家说：“道德不是说出来的，是练出来的。”人家还说，道德教育主要靠四条：教师的人格；家长的榜样；社会的影响；学生的实践和训练。试问，如果我们的教师，我们的家长，道德虚伪，不讲诚信，追名逐利，不择手段；我们的社会，弱肉强食，没有公正，有法不依，知法犯法。我们对孩子进行再多的说教，除了起反面作用，让孩子反感我们，能起到任何积极作用吗？

我想，我要做的就是四点，这其实也是我一直在努力做的：

1. 一切为了学生。

做到这一点并不容易，需要教师有忘我的精神，没有私心，否则，就会掺杂“假教育”，培养出“假道德”“伪君子”。

2. 为了一切学生。

不能只为尖子生或后门生。不能歧视后进生，对后进生要厚爱。

3. 为了学生的一切。

不能只为了学生的分数，而应该让学生全面发展。

4. 为了学生的一生。

从学生的一辈子考虑，教育不能急功近利，要从长远考虑问题。教育具有滞后性，有些教育不可能达到立竿见影的效果，现在的多次谈话教育可能学生在几年甚至十几年后才明白过来。因此，我们的教育不能只管当时，只考虑应试，应该面向学生的一辈子。

让我说给你听

暑期去荷兰探望女儿，所到之处，所见、所闻、所感颇多，忍不住想和人分享。于是在开学后的第一节英语课上，我没有讲一点英语知识，而是讲了以下这些给孩子们听。

我告诉孩子们，无论在荷兰还是在法国、德国，我都没有在异地生活的那种拘束、陌生的感觉，因为那里的人们不会把你当外国人盯着看。他们或是对你熟视无睹，或是对你一声 hello 的同时，展颜微笑，让你不由心生温暖。通过这些，我是想告诉孩子们要懂得尊重自己、尊重他人。

我告诉孩子们，在荷兰，无论是在公园，还是在广场，在车站，在街头，在海滩，你总会看见好多的鸽子悠闲地漫步，形成一幅人鸽共存的幸福画面。有人会把自己吃的东西扔一些给它们，然后会引来一群鸽子的哄抢。通过这些，我想让孩子们知道所有的动物都是人类的朋友，要尊重爱护它们。

我告诉孩子们，荷兰的天空总是那么的蓝，天上飘着朵朵的白云，地上植物茂盛，鲜花盛开，每家每户都像生活在公园里。

我告诉孩子们，荷兰是一个自行车王国，马路上有专门的自行车道。人们都很喜欢骑车上班或旅游。因为骑车既锻炼身体又有利于环境的保护。那里的汽车司机非常有教养，他们总是让自行车先行，即使自行车道的红灯亮了，汽车道上的绿灯亮了，他们也会等骑车的人过去后再走。

我告诉孩子们，荷兰有自己的当地语言荷兰语，但他们又都懂得英语。在比利时，学生从小学到中学要学会荷兰语、英语和法语三种语言。我告诉孩子们，世界上有 170 多个国家把英语当做官方或半官方语言，如果我们不懂得英语，到了国外，就是瞎子、聋子、哑巴，为了更好地了解世界、拓宽视野，让自己的生活更自由、更丰富、更幸福，我们必须学好英语。看得出，孩子们都听得非常专注，但愿他们能从中真的领悟一些什么。

——其实还有很多事情我没有对孩子们说，因为可能不方便对他们说，或者就是说了他们现在也不会理解。

我们去女儿就读研究生的乌特勒支大学参观。荷兰的大学不像国内的大学，所有的学院都在一个校园里，而是不同的学院有不同的校址。女儿就读的学院地址在市区的边上。我们从女儿租住的地方骑车大约 40 分钟后到达一个有铁栅栏门的地方，女儿说到了。我有点不太相信，这就是一个在欧洲甚至在世界上都有点名气的大学吗？竟然连一个校牌都没有吗？女儿让我看旁边竖着的一面白色的旗子，原来那上面印有校名和校徽。女儿又让我抬头仔细看栅栏门上方的门楣，在拱形的门楣中间镶铸着“University College Utrecht”的字样，原来这就是学校的校牌，门楣的中间顶端镶铸着一块好像太阳的牌子，这就是学校的校徽。相比我们国家的各级各类学校门口，闪闪发光的电子校牌，电子装置的自动大门，这个大学的门口显得是如此简陋，可我却分明感受到当初设计者的足够用心。

门是虚掩的，没有保安看守，我们直接进去。校园里的建筑有的是哥特式的，有的是普通的欧式风格的三层楼房。这些建筑好像都很不整齐地分布在校园的各处，不像我们国家的学校，都是整齐划一的高楼大厦。校园里面的每个建筑都是用经济学家的名字命名的。比如，女儿经常上课的楼的名称是“Adam Smiths”（亚当·斯密）。学校里面没有任何标语口号，没有校训、校风之类的表述，也没有宣传橱窗之类的东西。想到我们国家各级各类学校的标语、口号和宣传，我想，难道他们没有校园文化建设之说吗？

校园里的大树种类繁多，有银杏、橡树、白蜡和松树，还有的我叫不上名字。树下是大片的绿色草坪，间或有一丛丛美丽的五颜六色的花朵，我们仿佛置身于一个大公园里。

后来又去了近些年新建的乌特勒支大学的一个学院，终于见到一座比较现代化的高楼，约有几十层，雄伟地矗立在学校门口。楼顶上荷兰文的学校名称“Universiteit Utrecht”还是挺引人注目的，只是学校竟然没有大门，也没有保安，人人可以自由出入。想到我们国家的各级各类学校戒备森严的门卫制度，不由心中感慨。

早就听说乌特勒支大学植物园是荷兰乃至欧洲都很著名的旅游景点，在繁花盛开的季节，可以在那里找到大自然所有的颜色。果然名不虚传，走进园中，那是一个多么美丽缤纷的世界啊！到处是高低错落、郁郁葱葱、五颜六色、姹紫嫣红的花草树木，究竟有多少种，数也数不清，但最少也得有上千种（后来查证，实际有 6000 多种），因为几平方米的地方就有几十种植物，真是让人大开眼界。有的植物非常稀有，已经成为自然界的濒危植物；有的植物非常平凡，有我们国内经常见到的车前子、苦麻子、仙人掌等。我竟然还见到了小时候非常熟悉但现在已不常见的如茉莉花、美人蕉等。每种植物旁边都竖有一个小牌，介绍这种植物的名称和特点。由此我感受到一种对所有生命的尊重，无论你是不常见的奇花异树，美丽高贵，还是普普通通的小花小草，平凡卑微。我领悟道，无论何时何地，只有平等对待，用心尊重每个生命，才会有一个丰富多彩、缤纷美丽的世界。

在游园的过程中，几次碰到一群好像幼儿园的小朋友（后来得知他们是小学生，荷兰的小学 4 岁入学，学制 8 年），在 3 位年轻女教师的带领下也在游园。我就想，我们已经多少年没有组织过我们的学生春游或秋游了，因为我们既怕耽误学习，又怕出现安全问题。我们总是为了自己一点眼前的利益，就牺牲孩子们可能一辈子都无法弥补的东西。

最后看到这帮孩子是在一片竹林处，他们正在吃自带的午餐。看到他们可爱的样子，不由就跑到他们旁边，让女儿给我拍照。不料让他们的老师看见后，微笑着阻止我们说，未经孩子的家长允许，不能给孩子拍照。我们道了歉，又作了解释，人家才没有追究。由此我想到，从小尊重个人的隐私和尊严，就是从这样的小事开始的。

荷兰人有自己的母语荷兰语，但每个荷兰人都会说英语，这让我一个中国的小学英语教师汗颜。当女儿的美国室友得知我是老师，又问我是教什么学科的老师时，我不敢回答是“English teacher”，而说是“Chinese teacher”，因为我怕接下来的对话会给中国的英语教师丢脸。当走在大街上，被人拦住问道“Do you speak English?”时，我不敢说“Yes”，只是说“No”，因为我肯定听不懂她接下来的说话，或者即使能够勉强听懂，也不会熟练地表达。虽然我是一个英语教师，但我们的英语教学，一代又一代从一开始就偏离了正确轨道，我们只是注重单词的背诵、语法的运用、较高的卷面成绩，我们忽略了英语的重要作用就是交际，我们浪费了那么多的时间、那么多的精力学习英语，可我们大多学的都是哑巴英语、聋子英语或者是无用的英语。

我想等以后有机会，我一定把这些都说给孩子们听。

后记：幸福与感恩

在《让我和你一起成长》一书即将出版之际，我的脑海里竟然经常不断地浮现出近段时间里和学生相处的多幅画面。这些学生有的是很多年前的，有的是近几年的，有的是刚教过的和正在教着的。他们让我不断地真实地感受着作为一名教师的快乐和幸福。

那一天，去东校区听课。在门口碰到一个陌生的男子，看来也是一个来听课的老师。他主动笑着和我打招呼："您是王老师吧?"我看着他，在脑海里极力搜索有关他的记忆，却一无所获。我只能抱歉地对他笑笑，"对不起，你是……""我是您的学生，您是我上初中时的英语老师。"我真是又意外又惊喜。意外的是时隔二十多年，学生还能认得我；惊喜的是，在二十多年以后，我还能被学生记得。我们交谈了几句，得知他现在城区附近的一所小学教学。惭愧的是，我对他实在一点印象都没有。可是从他对我恭敬的神态里，我除了感到一点愧疚，更多的却是温暖和幸福，是做教师的被自己的学生所记住、所爱戴、所喜欢的幸福。

那一天放学后，走到校门口，听到熙熙攘攘接学生的人群中有人喊"王老师"，我循声望去，见到一个面熟的少年骑坐在一辆自行车上。见我看着他，他从车上下来，热切地问我："老师，您还认识我吗?"我确定这是一个我在三年级时教过的孩子，现在应该已经上初中了。"你是郑……"我在极力回想他的名字。"我叫郑云泽，上三年级时上课竟给老师捣乱了。"他有些不好意思地说道。我是对这个孩子有点印象的，但真不记得他上课捣乱的事情。“是吗？老师怎么不记得你上课捣乱的事情?”“老师你对我们太好了，那时真是我不懂事。”“现在上初中知道努力学习就一点不晚。”“我会的，谢谢老师!”感受着过去的学生对老师的真情，心里真是充满了幸福。

那一天走在车辆、人群拥挤的放学路上，看到前面有两个手拉手一起走的女孩。其中一个偶然回头一撇看到身后的我，立刻惊喜地叫起来“王老师”，我认出来，她是宏（化名），是我在三、四年级曾经教过两年的学生，现在上六年级。在我的印象中，她几乎很少说话，成绩也不算好，是那种一群人中最不显眼的一个。只见她和我打完招呼，又推了推旁边的同伴，有些不满地说：“是咱们的王老师，你怎么不和老师说话。”同伴转过头，见到我，笑着和我问好。我一看也是我曾经教过两年的学生。这是一个各项活动积极、成绩不错的孩子。愉快地和这两个孩子交谈了几句，得知她们是要去驿站。感受着孩子们对老师的那份喜欢和热爱，心里真是暖融融的，充满了幸福。

那一天去一一4班上课，那个上课一直不会好好听讲、不爱写字的小男孩，拿着一瓶水过来，让我给他拧开。我费了好大劲拧开以后递给他，然后摸着自己被弄疼的手指说“好疼”，只见这个可爱的孩子，赶忙放下自己的水瓶，过来攥住我的手指轻声说：“老师，我给你揉揉。”感受着这个孩子温暖小手的抚摸，我的心里充满了幸福，由衷地对孩子说：“谢谢你!”没想到孩子却说：“我也谢谢老师，帮我开水瓶。”多么懂事可爱的孩子。我抱了抱他，他也紧紧地抱住了我。

那一天去一一5班上课，一个小男孩过来对我说：“老师，你知道我为什么这点（些）天没有来上学吗？因为我感了冒（感冒）了。我是又打针又吃药又输液。”听着这个孩子真情但不太流利、家乡味十足的表达，我在感受因孩子的信赖而温暖的同时，又觉得有点对不起这个孩子。虽然他是一个上课一直不太安分的孩子，又在第一桌，但我一年级的课每周只有两节，这节又是我的第一节，所以我真不知道他这些天没有来上课。我摸摸他的头，关切地问道："现在好点了吗?""好点了。"他望着我的眼神里盛满了信赖和满足，不由让我深深地感动。

那一天，偶然在楼道碰见两个曾经教过两年的学生，她们现在上六年级，都是那种学业优秀的孩子。但一个踏实认真，几乎没有被我批评过；一个非常聪明但比较浮躁，不爱写作业，曾经多次被我批评。但她曾在给我的圣诞礼物的卡片里写道："非常感谢老师对我的培养和教育。没有您，我的英语成绩不会这么好。"看见我，她俩一下把我抱住，不停地叫"老师，老师"，我也抱着她们，心中充满了幸福和感动。

那一天，我正在路上行走，听到身后有声音说："那好像是我们英语老师。"回头一看，却是我曾经教过三年的一个学生，现在正上六年级。这是一个单纯可爱、善良踏实的女孩，不仅学习成绩不错，还热爱舞蹈。她看到真的是我，脸上充满了惊喜。站在她旁边微笑着的显然是她的妈妈。她妈妈说，几次参加学校的家长会，都特别喜欢我的发言，因为感觉特别真诚，总能从中受到触动。结合到对孩子的教育中，会有明显的效果。还说孩子特别喜欢我，总在家里说英语老师有多么好。感受着所教过的学生和家长对自己真心的喜欢和信赖，心中是多么的幸福和温暖。

那一天，我走到办公室门口，看见几个我正教着的四年级的孩子在那站着。见我走近，其中一个女孩竟然说道："老师你可来了，你让我们等得花儿都谢了。"让我忍俊不禁。这个在我印象中沉默内向、成绩较差的孩子原来还有这样幽默诗意的口才。我庆幸自己因为能对孩子宽容、耐心，所以孩子也能向我展露自己真实的内心世界。我为此感到由衷的快乐和欣慰。

那一天，在教室门口，我等到那个我现在正教着的男孩。这是一个由于家长忙于经商而无暇管教的孩子。不会听讲，不写作业，成绩极差。但我从来没有因为他的成绩差而批评过他，相反当我看到有些同学对他有嫌弃的表情和语言时，针对他每天自己上学、放学，不用家长接送的情况，我在班上对他大力表扬，以免让他丧失自尊心和自信心。她妈妈说过，“孩子说，英语老师对他比妈妈都好”。就是这个孩子，当我又一次向他要作业，他说忘写的时候，我五味杂陈说不出的心情，凝聚到脸上不知是什么表情，却让一个旁边的女孩捕捉到了。她大声地说；“老师你脸上的表情好可爱呀，萌萌哒！”突然庆幸自己没有产生不该有的想法，就这样让每个孩子都感觉到老师对他们的喜爱吧！感受到老师喜欢的孩子一定会有进步的，即使暂时有些缓慢。

那一天，在楼梯口，我碰到那个全校闻名的顽皮孩子。他看见我后，先是深深地鞠了一躬说：“老师好！”然后抬头望着我，眼神里满是热切和喜欢、尊敬和信赖，那么一副老实、懂事、可爱的样子。我知道这是因为我在教他的那一年中，曾给予了他充分的尊重和信任、耐心和宽容。感受着学生爱的回报，心中真的是满满的幸福和感动。

还有那个活泼开朗、好学上进的女孩伊萌，每次在校外碰见我，总是一脸的惊喜，一边大声地叫着“英语老师”，一边扑到我的怀里，紧紧地抱着我。让我感动不已……

朱永新教授说：“享受着教育的幸福，你就多了一股创造的激情，你会把每一堂课精彩地演绎，你会把每一句话精心地锻造，你会把校园变成追求卓越的教育梦工厂——你会惊奇地发现：幸福从此熙熙攘攘。”是的，我已经感受到了，幸福真的是熙熙攘攘。

所以在此，我要真诚地感谢那些我曾经教过的和正在教着的学生们，没有你们的陪伴，没有我们的彼此成全，就不会有我现在做教师的幸福，就不会有现在这本书。

感谢著名文学评论家杨立元教授，能在百忙之中抽出宝贵的时间为我的书欣然作序。我和杨教授并不相识，只是通过朋友介绍，得以在网上用邮件联系。那时正值春节前夕，杨教授说他正忙着准备推向全国的精品课，让我不要着急。我当然不会着急，因为我知道，作为一名在全国都有影响力的学者和文学评论家，能够答应给我一个普通的不知名的小学教师的书作序，我是多么的感恩知足。但万没有想到，只过了短短的三天时间，杨教授就把写好的序《一个教师的心灵笔记》发给了我，我除了惊喜意外就是深深的感动。杨教授在《序》中所给予我的不吝赞美和过誉之词，虽然让我心虚，但也给了我鞭策和鼓励；所表达的对我的理解和支持，让我有了继续前行的动力。杨教授所表现出的一个真正文人学者的朴实和谦和的品格——潜心自己的事业，不自恃过人的才华，不计较个人的得失，乐意为他人奉献，让我深深地敬仰并将努力追随。

感谢丰南区教育局张立民副局长为我的书作序。多年来，他凭着自己的勤奋和努力，从一名高中地理教师，到区教育局教研室地理教研员，再到高中校长、进校校长，直至现在成为主管全区中小学教学研究和教学管理的副局长。他当教师时被评为“河北省首届优秀中学地理教育工作者”，当教研员时，编写的《成考教程优化设计（地理版）》由中国和平出版社出版，在全国发行。他还是《景山大视野》系列丛书地理学科撰稿人之一，并参与编写了《唐山地理》（乡土教材）；任高中校长时，他不仅经常深入课堂听课指导教学，还亲自担任高三年级的地理课，担任主管业务的副局长后提出了“教学方式改革的核心是转变学生的学习方式”等系列教学主张。他以踏实进取的实干精神和谦逊朴实的人格魅力赢得了基层干部教师的信赖与爱戴。《让我和你一起成长》的最后成稿也得益于张局长的鼓励与支持，其间他反复阅读书稿中的每篇文章，并提出中肯的意见和建议。《心意臻备〈让我和你一起成长〉》是他为我的书所作的序言，序中他对我一个普普通通小学教师的赞美和肯定，既让我惭愧，又让我感动，同时也是对我的一种鞭策。我一定不辜负领导的信任和家长的希望，继续努力，坚实快乐地行走在真正的教育教学之路上。

感谢我校的张玉莲校长，可以说，没有她，就没有这本书的出版。张校长当初几次在校会上提及为教师出书的事情，我才渐渐有了这个想法，和她提了一下，她竟然全力支持。张校长出任全校的管理工作虽只有短短的几年时间，但她用勤奋务实的工作作风，公平公正的处世为人，睿智、豁达又充满人文情怀的人格魅力，赢得了全校教师的信赖和拥戴。全校教师同心同德，共同努力，让我校赢得了家长的广泛赞誉和社会上的良好口碑。回想张校长上任之初，针对我校英语学科教学相对薄弱、教学质量不太高的现状，她深入课堂多次听课，组织教师研讨，找出问题症结所在。她提出建构高效课堂、向四十分钟要质量的要求，让学生在课上时间掌握所学单词和句型。为达到这个目标，她要求教师每节课上课前都要把本节课的教学目标出示给学生，让学生也明确目标并为之努力。教师讲课一定要紧紧围绕教学目标进行，不能华而不实，不能信马由缰。每节课最后一定要留五分钟进行目标检测，了解学生知识掌握情况，以便及时进行查漏补缺。有付出就有回报，在那年的小升初考试中，我校的英语学科终于扬眉吐气，和数学、语文学科一样名列全区第一。张校长踏实进取的工作精神，忘我付出的工作热情，对人宽厚、真诚的襟怀气度，时时感染着我，激励着我。让我感到作为一名实小教师是多么的荣幸！多么的骄傲！多么的自豪！

感谢曾给予我关心和支持、帮助和信赖的学生家长！你们的支持和帮助，是我工作的最大动力；你们的理解和信任，是我最大的幸福！

感谢曾经和我搭班的所有班主任老师，是你们的大力支持和配合，才让我的教育教学工作得以顺利开展，才让我能够享受到学生成长的幸福和快乐！

感谢我校主管教学的王立春副校长以及英语组所有的姐妹们！感谢你们一直以来对我的信任和包容！感谢你们一如既往对我的无私帮助和支持！感谢你们给予我的不是姐妹胜似姐妹的深情厚谊！

感谢董小爱副校长、梁玉红老师、赵艳辉老师为此书的出版所给予我的支持和帮助！谢谢你们！

感谢河大出版社的编辑王殊宁及为此书的出版付出辛勤劳动的所有工作人员！谢谢！

感谢所有关心、支持、帮助我的朋友和家人！

我在想，我有何德何能，得到这么多人无私的支持和帮助，让遥远的出书梦得以实现！为此，我只有深深的感恩！

王雅芳

2015 年 3 月